# 캠핑 한 끼의 행복

캠핑 다니는 푸드 에디터의 **맛있는 캠핑 이야기**

# 캠핑 한 끼의 행복

정연주 지음

시원북스

### 추천의 글

새로운 세상을 알게 되는 데에는 큰 노력이 필요하다. 캠핑이라는 비밀스럽고 멋진 새로운 취향을 맞이하기에는 좋은 길잡이가 필수다. 이 책은 캠핑을 즐기는 이야기로 가득하다. 누군가의 취향을 온전히 배운다는 것은 멋진 일임에 틀림이 없다. 캠핑의 즐거움과 다양한 요리와 순간들. 음식이라는 것은 그 캠핑에 대한 상상과 경험을 완성하는 데 분명 가장 중요한 것 중 하나가 아닐까 싶다. 이 책과 함께라면 사계절을 더욱 즐겁게 기다릴 수 있을 것이다.

— **최원석** 프로젝트 렌트 대표, 《결국, 오프라인》 저자

계절이 있는 캠핑 요리를 한국에서 즐기는 삶이란 과연 무엇일까? 캠핑장에서 이런 요리도 가능하다는 게 놀라울 정도로 아이디어가 돋보이는 누룽지 알밥이나 다코야키 팬 만두 같은 요리부터 대하 소금구이, 죽순 요리 같은 제철 식재료의 매력을 느낄 수 있는 이 책은 캠핑장으로 뛰쳐나가고픈 욕망을 자극한다. 이 책을 일상을 풍요롭게 하는 철학과 행동이 담긴 '먹쟁이 바이블'로 강력 추천한다!

— **김혜준** 김혜준컴퍼니 대표, 푸드 콘텐츠 디렉터, '빵요정'

정연주 에디터는 아는 게 많아서 먹고 싶은 것도 많은 사람이자 왜 맛있는지까지 정확히 문장으로 차려내는 사람이다. 푸드 에디터이자 요리책 전문 번역가의 에세이는 그래서 더 정확히 맛있다. 베테랑 프리랜서이자 아이를 키우는 엄마 '정연주'라는 사람의 에세이까지 숯불 향처럼 은근히 덧입힌 이 책은 캠핑하러 가서 요리를 해먹고 싶은 마음에 불을 지피는 캠핑 입문서이자, 삶을 어떻게 요리하면 좋을까 '불멍' 하게 되는 활자형 미식 콘텐츠다.

— **에리카팕(박지윤)** 요리먹구가, 《언니, 밥 먹고 가》 저자

10년도 더 전, 음식 잡지사에서 함께 일하던 정연주 에디터는 내 직속 선배였다. 마감을 누구보다 빨리 끝내고도 성에 안찼는지 《뉴욕 타임스》의 음식 관련 기사를 읽으며 시간을 보냈다. 맞은편에서 마우스를 딸깍거리며 모니터 속으로 빨려 들어갈 듯한 모습이 아직도 선명하다. 그런 선배가 이제는 자연 속에서 요리하고, 기록하고, 나누고 있다. 캠핑에 진심인 정연주 에디터가 본격적으로 캠핑에 대해 쓴 이 책이 무척이나 반갑다.

— **전성진** 작가, 《베를린에는 육개장이 없어서》 저자

> 프롤로그

# 집 떠나면 고생이지만 캠핑은 낭만을 선물하지

 내가 평소 자주 하는 말인데, 살면서 부모님한테서 "아는 게 많아서 먹고 싶은 것도 많겠다"는 이야기를 귀에 못이 박히도록 들었다. 맛있는 것을 먹고 내가 왜 이 음식을 좋아하는지 생각하고, 또 세상에 어떤 맛있는 것이 있고 그것은 왜 존재하는지, 나와 같은 사람은 없는지를 생각하는 것이 그저 즐거움이다.

 다만 스스로에게 서운한 것이 있다면 살다보니 지치고 힘들어서 밥을 대충 '때우게' 된다는 것이다. 외식도 배달도 맛있기는 하지만 역시 이 나이쯤 되니 내 입맛, 가족 입맛에 맞춰서 간단하게라도 직접 차려 먹는 것이 가장 즐겁고 맛있는데, 나와 가족을 잘 먹이면서 일을 하고 사는 것이 이렇게 힘들다. 그래서 점점 주중의 식사가 단출한 배달 중심이 되면, 삶이 피폐해지는 기분이 함께 든다.

그런 나의 삶에 들어온 것이 캠핑이다. 처음에는 자폐아인 아이의 멘탈 케어에 자연을 자주 접하는 것이 좋다고 해서 솔깃했지만, 사실 우리 부부 모두 텐트에서 아이와 함께 잠자고 생활할 자신은 없었다. 그래서 캠핑과 여행을 겸해서 택한 것이 캠핑카였다.

나는 밖에서 내 솜씨를 온전히 발휘해 요리를 하고 싶었고, 남편은 전자기기를 비교해서 구입하고 관리하는 것을 좋아하니 여러 모로 우리 가족에게 딱이었던 셈이다. 하지만 과연 이 귀찮은 일을 뼛속까지 집순이, 집돌이인 우리가 할 수 있을지 걱정이 되었던 것도 사실이다.

그러나 시작하는 순간 알았다. 우리에게도 일상을 탈출해서 진정한 자유를 누리는 순간이 필요했다는 걸. 또 다른 집인 캠핑카가 우리에게 최적의 휴일을 선사한다는 걸. 피곤하고 힘드니까 마냥 드러누워서 쉬는 것만이 답이 아니라, 오히려 편하다고만 생각한 집을 떠나서 굳이 불편함을 감수하며 먹고 자고 여가를 보내는 것이 진정한 여유를 만끽하게 한다.

그제서야 요리를 할 마음이 들었다. 주중 내내 머릿속으로 이번 주말에는 캠핑장에서 무엇을 만들면 재미있을지를 생각한다. 그리고 필요한 재료를 어디서 구할 수 있을지, 혹시 지금 이 순간에만 구할 수 있는 제철 재료가 없는지 농장의 스마트 스토어를 찾고 제때 도착할 수 있도록 주문을 한다. 그리고 숯과 장작, 부탄가스를 두고 이번 주말에는 어떤 불을 피울지를 생각한다. 그 모든 준비와 과업이 짐이 아니라 활력이다.

그것이 이미 나름대로 완벽하게 갖추어 놓은 편안한 실내 주방이 아니라 춥고 덥고 불편한 캠핑장에서 가능하다는 것이 지금도 가끔 의아하지만, 매일 반복되는 일상적인 풍경을 벗어나야만 비로소 놓게 되는 긴장이라는 것이 있는 모양이다. 비로소 여유를 찾고, 비로소 내 삶을 제대로 즐기고 사랑하게 된다.

가끔 퇴근 후에 곧장 짐을 싸서 달리다 보면 피로가 극한에 달해 왜 집을 두고 밖에서 사서 고생을 하나 싶을 때도 있지만, 이제는 안다. 다음 날 일어나서 창문을 열면 반드시 떠나오길 잘했다는 생각이 든다는 것을. 그 순간을 위해 달려왔다는 것을. 캠핑카에서 맞이하는 아침을 위해 주중을 버텨왔다는 사실을.

굳이 불편을 감수하는 것, 하지 않아도 될 일을 부산떨며 챙기고 부른 배를 두드리며 녹초가 되어 오늘도 즐거웠다고 이야기를 나누는 것. 그것이 진부하지만, 나와 우리 가족에게는 구원이었다.

## 차례

추천의 글 • 4

프롤로그   집 떠나면 고생이지만 캠핑은 낭만을 선물하지 • 6

캠핑장 추천 리스트 • 14
캠핑을 떠나기 전에 • 16

PART 1   **봄**

캠크닉 • 42
원팬 맥앤치즈 • 48
`레시피 01` • 50
레몬 크레페 • 52
`레시피 02` • 54
봄 캠핑의 숯불 • 56
죽순 손질하기 • 62
칼솟 숯불구이 • 68
봄나물과 튀김 • 76
누룽지 알밥 • 82
`레시피 03` • 86
바비큐 디너 • 88
`레시피 04` • 92 | `레시피 05` • 94
숯불 꼬치구이 • 96
스모어와 마시멜로 • 102
오렌지 브라우니 • 110
`레시피 06` • 114

PART 2  **여름**

꽃게 된장 라면 · 118
**레시피 07** · 122
똠얌 라면 · 124
**레시피 08** · 128
차슈 라멘 · 130
**레시피 09** · 134
칵테일 · 136
아이스크림소다 · 142
다코야키 팬 만두 · 150
**레시피 10** · 158
새우 팟타이 · 160
**레시피 11** · 166
닭갈비 볶음밥 · 168
**레시피 12** · 172
바나나 로띠 · 174
**레시피 13** · 180
초당 옥수수 · 182
전과 막걸리 · 194
수박 페타 샐러드 · 198
**레시피 14** · 202

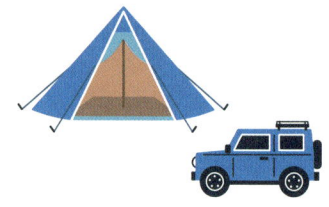

## PART 3  가을

단풍 캠핑 • 206
송편떡볶이 • 210
레시피 15 • 216
대하 소금구이 • 218
레시피 16 • 222
캠핑빵 • 224
잉글리시 머핀 • 230
레시피 17 • 232
수제 맥머핀 • 234
팥양갱 도넛 • 238
레시피 18 • 244
캠핑 커피 • 246
단체 캠핑 • 252

## PART 4  겨울

토마토 수프와 그릴 치즈 샌드위치 · 260
**레시피 19** · 266
감자 연어 크림 수프 · 268
**레시피 20** · 272
필리 치즈 스테이크 · 274
**레시피 21** · 278
퐁뒤 · 280
**레시피 22** · 286
아히요 · 288
뱅쇼 · 294
**레시피 23** · 300
기네스 핫초콜릿 · 302
**레시피 24** · 308
단팥죽 · 310
군고구마 · 316
달 마크니 커리 · 322
**레시피 25** · 326
버터 난 · 328

**부록**   아, 맞다! 캠핑 체크리스트 · 332

# 캠핑장 추천 리스트

캠핑카로 캠핑을 할 때는 일단 캠핑카 숙박을 받아주는지, 진입이 가능한지, 캠핑카로 이용 가능한 사이트는 어느 곳인지 미리 확인해야 한다. 그런 부분까지 소개된 캠핑장이 많지 않아서 직접 연락해 확인하는 것이 안전하다. 캠핑카 이용이 가능한 곳이라도 모든 사이트에 진입할 수 있는 것은 아니기 때문이다. 덕분에 캠핑카로 이용 가능하고 편리한 곳을 찾으면 주구장창 아는 곳만 가게 되는데, 그중 괜찮았던 곳을 소개한다.

**큰마당캠핑장**
경기 포천시 이동면
화동로2457번길 76-1

**자라섬캠핑장**
경기 가평군 가평읍 자라섬로 60

**가평사계절캠핑장**
경기 가평군 북면
가화로 988

**속초 국민여가캠핑장**
강원 속초시 해오름로 177

**벨하우스 캠핑장**
경기 남양주시 수동면
지둔로445번길 99

**라라솔 캠핑장**
강원 횡성군 서원면
경강로 646-30

**중랑숲캠핑장**
서울 중랑구
망우로87길 140

**내리계곡 솔밭캠핑장**
강원 영월군 김삿갓면
내리계곡로 1039-18

**어은돌 송림캠핑장**
충남 태안군 소원면
모항파도로 398-42

**목계솔밭캠핑장**
충북 충주시 중앙탑면
첨단산업로 1438

**일곱식구 캠핑장**
전북 정읍시 칠보면
행단1길 153

▲ **중랑숲캠핑장**    도심인데도 숲속에 들어온 것처럼 우거진 나무와 풀숲 사이에서 캠핑을 할 수 있는 곳. 다만 캠핑카로 이용은 불가능하다. 하지만 서울이라 캠핑 용품만 가져가서 캠핑을 할 수 있어서 '캠크닉'으로 자주 이용하고 있다.

▲ **자라섬캠핑장**    아주아주 넓고 이용 가능한 사이트가 다양하다. 오토캠핑장, 캠핑카로 이용 가능한 카라반 사이트, 카라반이 설치되어 있어서 몸만 오면 되는 사이트 등 어떤 방식으로든 이용할 수 있어 여러 조건의 가족이 모여 놀기 좋다. 매월 10일에 다음 달 예약을 진행한다.

▲ **가평 사계절캠핑장**    친절하고 고즈넉하고 아늑해서 자주 이용하는 캠핑장인데, 이곳의 엄청난 강점은 하나로마트가 걸어서 2분 거리라는 것이다. 아무것도 가져가지 않아도 가서 뭐든 구입해 밥을 먹을 수 있다. 다만 저녁에 도착하면 마트가 7시에 문을 닫기 때문에 배를 곯을 수 있으니 주의.

▲ **벨하우스 캠핑장**    물놀이장이 잘 되어 있고 계곡이 가까이 있어 여름에 주로 찾는 캠핑장. 밤나무도 많아 가을에도 즐겁다.

▲ **큰마당캠핑장**    들어가는 길이 좁고 길어서 밤에 진입할 때는 조금 불안했지만, 사이트가 넓고 아늑해서 머물기 좋았던 곳.

▲ **내리계곡 솔밭캠핑장**    예능 프로그램 〈1박 2일〉 촬영 장소로 알려져 있는 캠핑장. 앞에 계곡이 있고 산세가 우거져 조용하고 아름답다. 특히 단풍이 물들 때 가면 아침에 일어나자마자 창문 밖이 장관이다.

▲ **라라솔 캠핑장**    파쇄석이 깔끔하게 깔려 있고 캠핑카로 이용 가능한 면적이 꽤 넓다.

▲ **속초 국민여가캠핑장**    유명해지지 않았으면 좋겠다. 하지만 이미 늦었겠지? 생각하면서 소개하는 곳. 속초 해수욕장이 바로 앞이다! 속초 이마트도 1km만 걸어가면 된다. 동절기에는 닫기 때문에 봄만 되면 가고 싶어 들썩거리게 되는 곳.

▲ **일곱식구 캠핑장**    숙박 가능한 방갈로, 오토캠핑장, 캠핑카로 이용 가능한 사이트가 모두 있어서 온 가족이 모여 캠핑하기 좋았다. 특히 할로윈에 버스킹 이벤트를 여는 등 와글와글 노는 분위기가 있어 마음 편하게 캠핑을 즐길 수 있는 곳. (가끔은 적당히 시끄러운 곳이 놀기 좋다.)

▲ **어은돌 송림캠핑장**    확연하게 취향이 갈릴 수 있는 곳인데, 바로 앞이 서해바다라 아이와 함께 놀기 좋고 석양이 아름다웠던 기억이 있어 가끔 간다. 다만 오토캠핑으로 이용하는 사이트는 공간이 협소한 편이고 물놀이를 비롯해 아이들이 노는 장소를 많이 마련해두어서 하루종일 시끌벅적한 편이다. 소음을 신경 쓰지 않는다면 놀기 좋은 곳.

▲ **목계솔밭캠핑장**    고알빙 페스티벌로 알게 된 곳인데, 사이트가 굉장히 넓고 많아서 탁 트인 분위기에서 캠핑하기 좋다. 인기가 높아서 예약하기가 상당히 힘들다.

# 캠핑을 떠나기 전에

## 캠핑카와 카라반, 트레일러는 뭐가 달라?

캠핑카로 캠핑을 다닌다고 하면 "아, 카라반이요?"라는 반응이 가장 많이 돌아온다. 나도 본격적으로 RV, 즉 레저용 차량을 구입하기로 결정하고 알아보기 전까지는 캠핑카와 카라반을 구별하지 못했기 때문에 설명을 들려주곤 한다.

간단히 말하자면 캠핑카는 차를 캠핑용으로 개조한 것, 카라반은 캠핑용 공간을 자동차에 연결해서 끌고 가는 것이다. 그렇다면 트레일러는 뭔지, 나에게는 무엇이 가장 잘 맞을지 고민이 되고 궁금하다면 도움이 될 팁을 간단하게 소개한다.

캠핑부터 근교 여행까지
### 카라반

사실 캠핑카로 결정하기 전에는 카라반을 먼저 알아봤다. 카라반은 캠핑용 실내 공간만으로 구성된 레저 차량으로, 따로 차 번호도 나오고 바퀴도 달려있지만 이동하려면 다른 차에 연결해서 끌고 다녀야 한다. 차 한 대에 부착해야 하는 제약이 덜해서 캠핑카보다 실내 공간 구성 자체는 넓은 편이다. 처음에 카라반 구입을 고려했던 이유는 우선 캠핑카보다 가격이 저렴하고, 모양새가 참으로 예쁘기 때문이었다.

카라반은 캠핑 자리에 대고 나면 매달고 이동한 차량은 바로 옆이나 근처 주차장에 따로 주차를 해야 한다. 캠핑장에 동그마니 자리 잡은 카라반은 솔직히 그 어떤 레저 차량보다도 참 '사진발'을 잘 받는다. 차량에 연결했다 분리할 수 있는 구조라 캠핑장에 카라반을 주차해놓고 가볍게 근교 여행이나 장보기를 다녀오기에도 적합하다. 이런 식으로 여행하는 것을 즐기는 사람은 오히려 캠핑카를 불편하게 생각하기도 한다.

하지만 우리가 캠핑카를 선택한 이유는 기존 차량이 일반 승용차라 카라반을 달고 이동하기에 파워가 부족할 듯했고, 차량 두 대 분만큼 길어진 운전 환경에 적응하기 쉽지 않을 것 같았기 때문이다. 차선 변경도, 커브길도 평소 운전할 때와 감이 너무 많이 다를 것 같달까. 실제로도 셋 중 가장 운전하기 까다로운 RV는 카라반이라고 한다. 하지만… 정말 예쁘다. 그리고 엔진 등의 공간이 들어가지 않아도 되기 때문에 청수통과 오수통 등을 조금 더 넉넉하게 마련할 수도 있다.

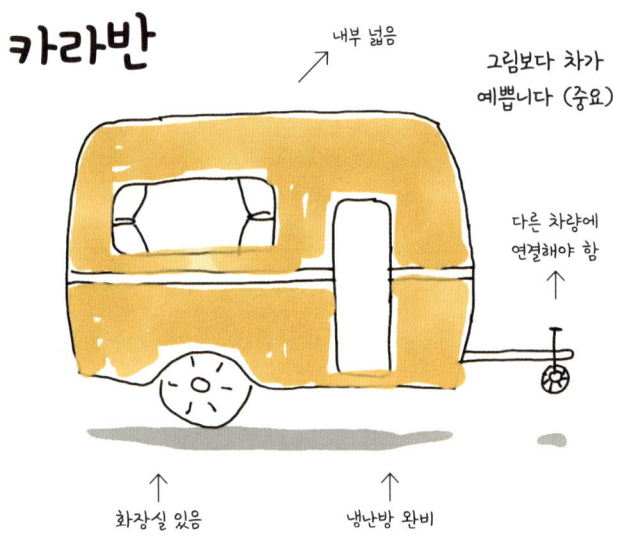

모든 캠핑용품을 이곳에
## 트레일러

트레일러는 카라반보다 훨씬 작은 크기에, 차량이라기보다는 이동식 창고처럼 생긴 모양이다. 이 또한 견인 차량에 연결해서 이동하는 방식으로 카라반보다는 운전하기 쉽다고 한다. 형태는 크게 두 가지로 구분할 수 있는데, 짐을 보관하고 이동하는 용도의 수납형 카고 트레일러와 펼치면 바로 텐트가 되어 생활공간으로 이용할 수 있는 폴딩 트레일러가 있다. 참고로 카고 트레일러에는 추가로 루프랙차량의 지붕에 짐을 싣거나 고정의 용도로 사용하기 위해 세로로 설치된 2개의 봉을 설치해서 루프탑 텐트를 함께 이용할 수 있다.

폴딩 트레일러는 카라반에 비하면 화장실과 냉난방 시설이 없어 단점이 많아 보이지만, 텐트를 이용하는 오토캠핑에 비하면 장점이 많다. 일단 펼치면 5분도 안 되는 시간에 텐트 설치가 완료된다. 나머지는 트레일러에서 짐을 꺼내 세팅하면 끝! 캠핑카나 카라반에 비하면 아주 저렴한 금액으로 오토캠핑의 단점을 해결할 수 있다. 세 RV 차량 중에서 중고 판매 시 감가도 가장 적다고 한다.

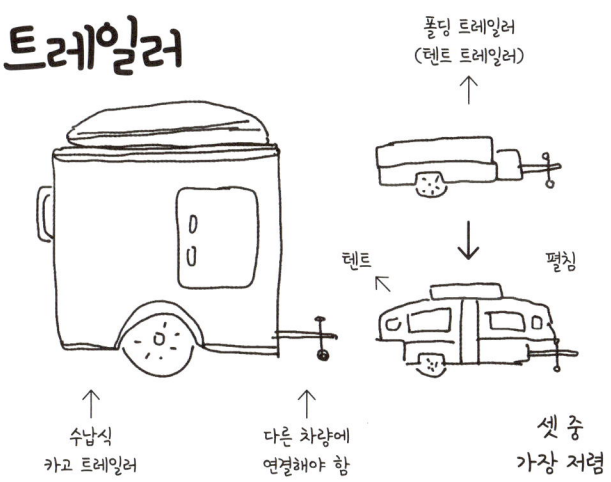

세컨카이자 세컨홈
## 캠핑카

 우리의 최종 선택지, 캠핑카의 가장 큰 특징은 차와 생활공간이 일체형이라는 점이다. 종류도 구조도 생각보다 꽤 다양한데, 우리 캠핑카는 현대 포터 트럭을 개조했기 때문에 1종 면허가 있어야 운전할 수 있다. 즉, 2종 면허만 있는 내가 운전하면 무면허 운전이 된다. 크기도 제각각인데 우리 차의 모델명은 아비크560으로, 이는 길이가 5.6m라는 뜻이다. 작아 보이지만 트럭인 데다 캠핑카지만 기본 주차장 면적 내에 주차를 할 수 있다는 것이 마음에 들어서 이 크기를 골랐다.

 캠핑카가 크면 캠핑하기에 좋을 것 같지만, (실제로 맞는 말이지만) 이동하기가 힘들다. 승용차를 운전할 때보다 바람 저항을 강하게 받고, 일정 속도 이상으로 달리기 힘들고, 지하 주차장 등 진입이 불가능한 곳이 있어 이동 시에 주의가 필요하다. 커브나 내리막길에서도 상당히 긴장을 하게 되는데, 크기가 커질수록 난이도가 올라간다. 캠핑장은 보통 좁은 비포장길이나 산길을 거쳐서 들어가기 때문에 우리 정도 크기의 캠핑카로도 '여기는 다시 오기 힘들겠다' 싶은 곳이 꽤 있다.

 하지만 큰 맘 먹고 마련하면 정말 이보다 더 쾌적한 캠핑이 없다. 거실 겸 침실을 가지고 다니는 셈이라 주차만 하면 바로 캠핑이 시작된다. 밖에 비가 오고 눈이 내려도 안에서 간단하게 취사와 식사를 하기에 아무 문제가 없고, 청수를 채우면 샤워와 화장실까지 전부 안에서 해결할 수 있다. 적재 공간도 넉넉해서 필요한 물건을 다 넣어놓고 다니기 좋고, 냉난방 시설이 되어 있어 계절에 크게 구애받지 않고 캠핑이 가능하다. 물론 노지 캠핑 등 전기를 연결할 수 없는 곳에서는 에어컨을 오래 돌리면 배터리가 방전되고, 동절기에는 동파 우려로 물 사용이 힘들지만, 어차피 한여름과 한겨울에는 캠핑 자체가 극한의 경험이 된다.

  캠핑장이 아니라 그냥 여행을 다닐 때에도 숙박 시설을 이용할 필요 없이 이동하다 바로 휴식을 취할 수 있다. 우리가 가장 즐기는 것은 이런 자유 여행 앞뒤로 하루씩은 고속도로 휴게소에서 밤을 보내는 것. 캠핑카에서 생활하는 사람도 있으니 더 설명할 필요가 있을까?

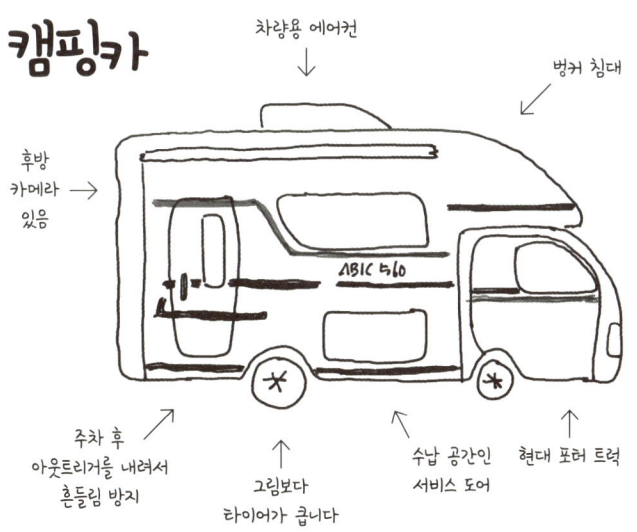

## 캠핑카 고르는 법

　고가의 자동차이자 집인 캠핑카를 고르기 위해서 정말로, 정말로 많은 유튜브 소개 영상을 보고 박람회에 가서 온갖 차를 다 타봤다. 자가용을 구입할 때도 온갖 요소를 다 고려해야 하는데, 캠핑카는 구조에서 가구, 싱크대와 화장실, 거실 텔레비전, 찬장과 매트리스까지 온갖 곳에 취향과 선택이 다 개입한다. 선택지가 많으면 결정을 잘 못하는 사람에게는 머리가 아프다는 이야기다.

　일단 캠핑카를 고를 때는 누가, 얼마나 자주, 어떤 방식으로 캠핑을 즐길 것인지 먼저 떠올려보는 것이 중요하다. 가족 구성원 수, 예상 이용 빈도, 예산 등을 기준으로 차량의 크기와 형태를 정한 뒤 제작사의 신뢰도와 자재 품질을 꼼꼼히 따져보는 것을 추천한다. 온갖 물건을 넣은 작은 원룸 하나를 싣고 도로를 시속 80km로 달린다고 생각해보자. 무엇보다 안전성이 제일이고, 그 다음은 사람마다 중요도가 다르겠지만 우리는 단열과 인테리어의 완성도를 봤다.

　만족하면서 타고 다니고 있으니까 추천하자면, 우리 캠핑카는 코반 캠핑카의 아비크560이다. 차대를 절단하지 않고 제작하는 등 이런저런 안전을 제일로 삼는 점, 보온과 단열을 위해 벙커 침대에 창문이 없는 점, 스크래치가 나지 않는 가구 재질 등 선택한 이유가 확실해서 지금까지도 만족스럽게 타고 있다.

직접 제작을 하는 업체여서 정비나 수리까지 케어센터에 맡기면 일일이 따질 필요가 없어서 매우 편하다. 배터리가 완전 방전되어서 우리 캠핑카 좀 살려달라고 찾아가고, 캠핑카는 사이드미러를 연장 제작해야 하는데 누가 주차하다가 날려먹어서 고쳐 달라고 찾아가고(부품이 필요해서 전문 수리업체에 가야 한다), 동파되어서 고쳐달라고 찾아가고… 사용하다 보니 생각보다 AS가 굉장히 중요한 업계였다. 처음부터 그런 부분까지 꼼꼼하게 고려하고 선택하는 것이 중요하다.

## 캠핑 주방을 처음 꾸리는 사람에게

캠핑카 출고를 기다리는 6개월간 수많은 정보를 찾아보고 비교하면서 캠핑 주방을 하나씩 준비했다. 캠핑장에서 사용할 수 있는 도구들은 생각보다 다양하고, 선택의 폭이 넓다. 그런데 직접 사용해보지 않으면 어떤 것이 정말 필요한지, 어떤 것은 나에게 맞지 않는지 알기 어렵다. 그러니 처음부터 다 마련할 필요가 없고, 최소한의 장비로 시작한 다음 나에게 맞는 도구를 추가하는 것이 가장 이상적이다.

그래서 처음 캠핑 주방을 꾸리는 사람을 위해 최소한으로 마련하기 좋은 도구, 취향에 따라 추가로 마련하기 좋은 도구, 도구별 재질의 특징과 선택 기준을 간단하게 소개하려고 한다. 캠핑 주방 마련에 조금이라도 도움이 되기를!

## 미니멀 세팅 구성 추천

캠핑을 처음 시작할 때 여러 용도로 휘뚜루마뚜루 사용하기 좋으면서 기본 아이템이라 나중에 취향에 따라 다른 도구를 추가해도 이건 괜히 샀다는 생각이 들 일 없는! 제일 많이 사용하게 될 캠핑 주방 도구를 소개한다.

### 코펠

활용도 ★★★★☆
감성도 ★★★☆☆

> 짧은 평

코펠, 코펠 하는 이유가 있다.
재질을 잘 보고 하나쯤 마련하자.

코펠은 아웃도어 활동을 한 번이라도 해본 적이 있다면 이름이라도 들어봤거나 뭔지는 알고 있는 조리도구다. 주로 냄비와 팬 등의 조리도구에 접시 등의 물품이 포함되어 있고, 이 모든 구성을 착착 조립해서 한 덩어리로 들고 다니게 해주는 취사용품이다. 사실 흔하고 익숙한 만큼 구성도 재질도 다양해서 막상 고르려면 조금 막막하다.

하지만 다년간의 육아를 경험한 분이라면 물건을 구입할 때 익숙할 검색 스킬이 있는데, 일단 '국민'이라는 키워드를 붙여서 검색해 보는 것이다. 그 결과 구입한 것이 '벨락 S9 코펠 세트'다. 밥그릇과 국그릇이 2개씩, 큰 냄비와 작은 냄비가 하나씩, 손잡이가 분리형인 프라이팬이 하나. 구입해서 받아보니 과연 통 3중 스테인리스 스틸이라 냄비와 팬의 바닥이 묵직하고 두꺼웠다.

지금은 수육과 차슈 만들기부터 친정 부모님과 동생을 초대한 캠핑에서 카레와 라면 끓이기 등 대용량 요리에서 맹활약하고 있다. 프라이팬도 바닥이 두껍고 코팅이 잘 되어 있어서 레지던스에서 숙박할 때 가져가기도 했을 정도다!

솔직히 요즘 세대의 캠핑 감성이냐고 하면 그렇지는 않고, 집에서 챙겨온 냄비 같은 느낌이 들기는 한다. 하지만 그만큼 요리를 착착 해내기에는 제격이다. 꼭 알루미늄 말고 스테인리스 스틸로 고르자. 내구성과 안전도가 단연 뛰어나니까.

## 구이바다

활용도 ★★★★★
감성도 ★★★☆☆

> 짧은 평

캠핑장의 일당백!
하나만 사고 싶으면
무조건 구이바다로 가자.

단언컨대 구이바다는 캠핑의 필수품이다. 구이바다는 버너와 전골팬, 그릴이 포함된 일체형 다용도 부루스타(?)라고 할 수 있다. 기본 휴대용 가스버너처럼 설치할 수 있는 철제 화구가 하나, 삼겹살이나 조개를 굽는 용도로 쓰기 좋은 그릴, 간단하게 라면 정도를 끓이기 제격인 전골팬이 한 세트로 구성되어 있다.

효율적으로 짐을 싸는 것이 중요한 캠핑에서는 다용도 도구가 정말 소중하다. 우리 캠핑 주방에는 파워 스토브도, 소토<sub>일본의 캠핑 장비 브랜드</sub> 레귤레이터도, 화로대도 있지만 당장 우동이나 라면을 끓여서 배고픈 가족을 먹여야 하는데, 이것저것 설치할 정신이 없을 때 구이바다 하나만 딱 꺼내면 끝난다.

애초에 구이바다만 들고 캠핑을 떠나도 상관없다. 밥을 하려면 화구를 얹고 부루스타처럼 쓰고, 고기를 구우려면 그릴을 얹고, 라면을 끓이려면 전골팬을 올리면 된다. 아, 알아보기 머리 아파, 복잡한 거 싫어, 하는 사람이라면 구이바다만 구입하자.

다만 개인적으로 다른 도구에 비해 캠핑의 예쁜 감성은 조금 떨어진다고 생각한다. 부루스타, 우리 집에도 있는데… 그런 기분이랄까.

### 시에라 컵

활용도 ★★★★★
감성도 ★★★★★

**짧은 평**

의외로 재질도 디자인도 섬세하게
다양해서 고르는 재미가 있는
다용도 캠핑 그릇!

캠핑을 시작하면 하나쯤은 사게 되는 물건이다. 사실 하나에서 멈추지 못한다. 아침이면 믹스 커피를 타서 마시고, 점심에는 밥그릇이자 국그릇으로 쓰고, 쌈장과 마늘이며 고추를 담아 차리는 미니볼에, 소주잔과 막걸리잔 역할까지 해서 결국 크기별로 마련하고 싶어지기 때문이다. 바로 위쪽은 넓고 아래쪽은 좁은 사발 형태의 '시에라 컵'이다.

시에라 클럽 컵 혹은 애팔래치아 마운틴 컵이라고도 불리는 시에라 컵은 아웃도어 캠핑용 식기의 대표주자다. 이름은 미국의 환경 단체 '시에라 클럽'의 이름을 땄는데, 여기서는 애팔래치아 마운틴 컵이 원형이며 야생에서 시냇물을 쉽게 떠올 수 있는 형태로 만들었다고 한다.

시에라 컵이 특별한 이유는 캠핑용품이 마땅히 갖춰야 할 덕목을 거의 모두 만족시킨다는 점이다. 일단 스테인리스 스틸이나 티타늄, 알루미늄 재질로 만들어져 가볍고 사용하기 무난하다는 게 캠핑장에서의 가장 큰 장점이다. 조금 더 덧붙이자면 밥그릇, 국그릇, 물컵, 술잔 등 다용도로 사용할 수 있어 활용도가 높다.

브랜드마다 깊이나 모양이 조금씩 다르지만 여러 개를 착착 겹쳐 수납하기 좋은 것이 가장 큰 장점이다. 그런 데다 간단한 조리용으로도 쓸 수 있다. 스테인리스 스틸, 티타늄, 알루미늄 등 보통 직화가 가능한 재질로 제작하는데, 일찍이 미국의 캠퍼들은 떠온 시냇물을 끓여서 살균하는 데에도 시에라 컵을 사용했다고 한다.

## 확장 구성 추천

지금까지 써본 캠핑 주방 도구 중에서 추천하는 제품을 모았다. 가열원도 있고 냄비 등 조리 도구도 있는데, 공통점은 앞서 말한 기본 세팅에 이 중 한두 개 정도는 꼭 추가할 거라고 생각할 정도로 높은 활용도다.

### 화로대

활용도 ★★★★☆
감성도 ★★★★☆

( 짧은 평 )

취향 따라 제각각.
장작에 요리할 때는
조리 가능한 제품인지 확인할 것!

캠핑의 꽃말은 '불멍'이라고 하니 아마 하나쯤은 구입하게 될 것이다. 가만히 불을 피우고 지켜보기만 하는 용도도 있고, 그 위에 석쇠 등을 설치해서 조리를 할 수 있는 구성도 있다. 그냥 불을 피우는 용도라 해도 마시멜로를 굽는 등의 간단한 조리도 가능하기는 하다.

조리하는 세팅, 둘러앉아서 불멍하는 세팅 등의 구조를 잘 생각해보고 감성에 맞는 것을 구입하자.

사용해보니 사각 상자형보다 오히려 오픈형 구조에 상단에 석쇠를 단단하게 고정시킬 수 있는 구조가 직화 그릴로 쓰기에는 더 쉬웠다. 불 조절도 쉽고.

### 소토 레귤레이터

활용도 ★★★★☆
감성도 ★★★★☆

> **짧은 평**
>
> 작고 귀엽고, 무엇보다 착착 수납해서 손바닥만 해졌을 때의 쾌감이 상당하다!

애정도가 매우 높은 제품이다. 주로 백패킹 등 짐을 많이 줄여야 하는 캠퍼에게 특히 유용하다. 손바닥만 하게 납작한 버너로 꺼내면 착착 펼치고 열어 부탄가스를 연결할 수 있는데, 위에는 주전자나 작은 프라이팬 정도를 안정적으로 얹을 수 있다. 그보다 무거운 것은 오덕 그릴을 이용하는 것이 안전하다. 가격대는 높은 편이지만 내구성이 좋고 수납력이 뛰어나 인기가 아주 좋은 제품이다.

## 이소가스 버너

활용도 ★★★★★
감성도 ★★★★☆

( 짧은 평 )

구이바다가 있고
간편한 열원이 하나 더
필요하다면 강력 추천.

이소가스는 길쭉한 원통형의 부탄가스와 달리 동글납작하게 생긴 가열원으로 부탄가스보다 차가운 환경에서도 이용하기 좋다고 한다. 그래도 많이 추우면 자주 흔들어줘야 할 필요는 있다. 부탄가스 대신 이소가스를 연결할 수 있는 버너는 주방 스토브를 그대로 떼어온 것 같은 모양을 하고 있을 때가 많은데, 불을 피우는 것은 귀찮을 때 구이바다에서 라면을 끓이고 이소가스 버너로 고기를 굽는 등 두 번째 열원으로 이용하기 아주 좋다. 다리가 안정적이고 불길이 강하게 나오는 것으로 구입하자.

## 사각 반합

활용도 ★★★☆☆
감성도 ★★★★☆

> **짧은 평**
>
> 라면도 밥도 튀김도 찜도 된다.
> 근데 작다. 근데 예쁘다.

　영어로는 메스틴. 가볍고 수납성이 좋아서 휴대하고 다니며 야외에서 사용하기에 특화된 조리도구다. 뚜껑 안에 찜기와 도마까지 포함된 세트 구성으로 골라 구입할 수도 있다. 도마는 작아서 답답할 수 있는데, 찜기까지는 활용하기 좋으니 함께 구입하는 걸 추천한다.

　사각 반합의 장점은 다용도 도구를 착착 접으면 상당히 작고 가벼워진다는 것! 라면에서 솥밥, 아니 '반합밥'까지 간단하게 만들 수 있고 달걀을 삶는 등 온갖 조리에 쓰기 좋다. 여기에 1인분 요리를 해서 그대로 차려내면 미니멀 캠핑 감성으로 아주 그만이다. 다만 가족 캠퍼라면 어떤 요리를 하기에도 좀 애매할 수 있는데, 튀김망이 포함된 구성의 조금 큰 것으로 사면 적당량의 기름으로 튀김을 하기에 이만한 것이 없다.

## 그리들

활용도 ★★★★★
감성도 ★★★★★

> **짧은 평**
>
> 꼭 무쇠일 필요는 없다.
> 과대 불판 주의!
> 고기 굽기에 '와따'다.

그리들은 번철이라고 한다. 손잡이와 높은 가장자리가 없는 프라이팬이라고 생각하자. 솥뚜껑에 삼겹살을 구울 때 바로 그 솥뚜껑과 같은 존재다. 처음에는 〈스프링 캠프〉라는 예능 프로그램을 보고 그리들에 끓이는 라면에 로망을 갖게 되어 납작하고 큰 무쇠 그리들을 샀다. 그런데 스토브 등 열원에 비해 커서 과대 불판이 문제였고 납작해서 국물을 부을 수 없고 가운데 기름이 잘 고이지 않아 부추나 김치를 볶기가 힘들었다. 원하는 조리 방법에 맞지 않는 제품을 구입한 것이다. 그리고 큼직한 무쇠라 너무 무거웠다.

그래서 이것만은 코팅이 잘 된 알루미늄 경량 그리들을 미니로 하나, 우묵한 중형 코팅 그리들을 하나 구입했다. 결과는 대만족! 꽃게를 넣고 라면 3개를 끓일 때는 우묵한 34cm 라씨에트 그리들을, 고기나 육전을 조금만 구워서 저녁을 먹고 싶을 때는 구이바다에 미니 키친아트 그리들을 세팅한다. 가벼우니까 설거지하기도 편해서 지금은 제일 많이 꺼내는 도구 중 하나다.

### 무쇠팬

활용도 ★★★☆☆
감성도 ★★★★★

> **짧은 평**
>
> 내 사랑 무쇠. 예쁘고 완벽하다. 하지만 무겁고 관리에 손이 가는 건 사실. 취향껏 판단하시길.

무쇠팬은 사랑(엄격·근엄·진지). 관리만 잘 하면 영구적으로 쓸 수 있고, 손에 익기만 하면 관리하기 별로 어렵지 않다. 나는 각기 다른 크기의 롯지 무쇠팬을 네 종류 가지고 있고, 지금은 거기에 롯지 무쇠 더치오븐과 크레페 팬이 추가된 상태다. 주로 어디에 쓰냐면 고기를 굽거나 전을 부칠 때. 열을 묵직하게 품고 있어서 바삭바삭한 크러스트를 만들기에 이거보다 더 좋은 조리도구는 그냥 없다.

그런데 캠핑에 반드시 추천하겠느냐고 묻는다면 애매하다. 왜냐하면 무겁고, 수분을 완전히 제거하고 보관해야 녹이 슬지 않기 때문이다. 그리고 집보다 극한 환경에 노출되기 쉬운 캠핑장에서는 관리하기 까다롭거나 무겁고 자리를 차지하는 도구는 모두의 사랑을 받기 애매하다. 그러니 취향에 따라 구입하면 된다.

## 소재별 특징

캠핑 그릇을 구입하기 위해 처음 알아보면 재질에 따라 정말 다양한 종류가 있는 것을 알 수 있고, 그중 어느 것을 골라야 할지 고민이 될 수 있다. 취향과 감성도 중요하지만 실제로 사용하면 무게와 내구성, 열전도율, 유지 관리 방법도 절대 무시할 수 없는 법. 나에게 맞는 재질을 선택하면 캠핑이 훨씬 간편하고 즐거워진다. 어떤 것이 가장 알맞은지 알아보자.

### 나무

원목 감성만큼 자연과 어울리는 것도 없다고 생각하기 쉽다. 사진을 찍으면 예쁘고, 감성적이고 따뜻하다. 열을 빠르게 전달하지 않아서 손으로 잡기에도 위험하지 않다. 도마는 물론 그릇에서 수저까지 다양하게 쓰이는데, 원목 재질의 그릇은 견과류나 말린 과일처럼 수분이나 기름기가 덜하고 데우거나 뜨겁게 먹지 않는 음식을 잠깐 담는 경우 외에는 추천하지 않는다.

잘 건조하지 않으면 뒤틀리거나 갈라질 수 있고, 냄새나 기름을 잘 흡수해서 얼룩이 생기기도 하는데, 무엇보다 칼자국이 생기는 등 자잘한 상처가 나기 쉽고 그 부분의 위생을 장기간 안전하게 유지하기 쉽지 않기 때문이다. 생각보다 미생물이 쉽게 번식된다. 가능하면 촬영용이나 장식용으로만 사용하자.

### 스테인리스 스틸

내 캠핑용품 중에서 두 번째로 높은 비중을 차지하는 재질이다. '제일 좋아하는가?'라고 물어본다면 스테인리스의 마음은 조금 아프겠지만 그렇지 않다고 말할 수 있다. (스테인리스에게는 귀가 없겠지?) 제일 좋아하지는 않지만 제일 만만하게 쓰기 좋다. 내구성이 강하고 부식도 잘 되지 않아 녹이 스는 일이 많지 않고, 깨지는 일도 없고 세척하고 관리하기도 좋다. 말하자면 전혀 신경 쓰지 않고 막 쓸 수 있다. 알루미늄이나 티타늄보다는 무겁고 스테인리스 냄비나 팬은 조리 시에 음식이 좀 잘 달라붙는다는 단점이 있지만 만만하게 쓰기 좋다는 장점이 단점을 아득히 초월한다.

### 티타늄

내가 가진 티타늄 제품이라고 하면 캠핑용 머그와 500ml짜리 자그마한 냄비 하나, 주전자 하나 정도지만 마음 같아서는 스테인리스 제품인 물건을 80%까지는 티타늄으로 대체하고 싶다. 이상하게 비슷한 컬러인데도 조금 더 '감성'이 있는 예쁜 모양이고, 무엇보다 아주아주 가볍고 튼튼하다. 캠핑용품에서 절대 무시할 수 없는 부분이 무게인데 티타늄 제품은 아주 가볍다. 변형이 잘 되지 않고 내구성도 강한 편이라 거의 모든 캠핑용품에는 티타늄 제품이 존재한다.

다만 절대 무시할 수 없는 단점이 있으니, 가격대가 높다. 비싸다. 그리고 생각보다 가열 시에 변색이 잘 된다. 비싸게 주고 샀는데! 하지만 역시나 지갑 사정만 허락한다면 내 캠핑용품은 50%는 티타늄, 50%는 법랑으로 채우고 싶다.

### 법랑

철 위에 에나멜을 입힌 것이 '법랑'인데, 가볍고 튼튼하다. 에나멜 코팅으로 온갖 색과 디자인을 도입할 수 있어 원하는 크기와 모양, 색상으로 고르는 재미가 쏠쏠하다. 가열되는 속도도 빠르다. 좋아하는 브랜드가 몇 개 있어서 캠핑용품 중에서 자주 꺼내는 그릇은 거의 법랑이다.

가볍고 예쁘고 음식에 쇠맛이 날 일도 없어서 뱅쇼를 끓이는 용도로 쓰는 하얀 냄비도 법랑으로 구입했고, 캠핑빵을 굽거나 전을 부칠 때 반죽을 만드는 용으로 쓰는 볼 2종도 노다호로(일본의 법랑 식기 브랜드) 법랑으로 샀다. 실용적인 것보다는 솔직히 예쁘니까! 흰색 법랑 냄비와 볼을 볼 때마다 기분이 좋다. 칙칙한 '스댕'보다 사진도 예쁘게 나온다.

다만 열전도가 빨라서 뜨거운 음식을 담고 잡으면 손을 델 수 있고, 단단한 모서리에 탱 부딪히면 법랑이 깨질 수 있다. 그러면 그 부분에 녹이 잘 슨다. 하지만… 예쁘다. 티타늄만큼은 아니지만 가격대가 좀 있는데 그래도 항상 법랑 제품을 알아본다.

### 알루미늄

가볍고 열전도율이 높아서 빠른 조리가 가능하여 주로 코펠이나 냄비, 프라이팬에 많이 쓰인다. 스테인리스보다 가볍고 가격대도 낮아서 인기 제품이 꽤 있다.

다만 토마토처럼 산도가 높은 재료를 조리하면 맛이 변하고 아무래도 흠집이 생기면 알루미늄이 녹아 나와서 체내에 소량이라도 흡수될 수 있다는 점이 조금 신경 쓰여서 크게 추천하지는 않는다.

### 실리콘

열에 강하고 부드러운 재질로 모양을 자유롭게 접었다 폈다 할 수 있는 디자인의 접이식 캠핑 도구에 많이 사용된다. 열에 강하다는 말은 뜨거운 음료를 부어도 잔을 손으로 냉큼 잡을 수 있다는 뜻이다. 공간 활용도가 높은 제품이 많고 설거지도 쉬우며 위생적으로 관리하기에도 좋다.

다만 실리콘이라는 특성상 잘리거나 찢길 수 있고 가끔 고온이나 이상한 형태로 접히면 모양이 변형되기도 한다. 그리고 '예쁜가?' 하면 의견이 조금 갈리지 않을까?

---

**결론**
- 휴대성을 우선할 경우 → 티타늄, 알루미늄, 실리콘
- 내구성과 유지관리가 중요한 경우 → 스테인리스, 법랑
- 감성을 더하고 싶다면 → 나무, 법랑 (취향에 따라 달라짐)

캠크닉

원팬 맥앤치즈

레몬 크레페

봄 캠핑의 숯불

죽순 손질하기

칼솟 숯불구이

봄나물과 튀김

누룽지 알밥

바비큐 디너

숯불 꼬치구이

스모어와 마시멜로

오렌지 브라우니

PART 1

# 봄

# 캠크닉

캠핑과 피크닉을 더한
바쁜 현대인의 캠크닉

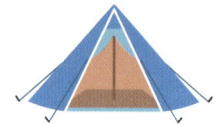

'캠크닉'은 캠핑camping과 소풍을 뜻하는 영어 단어 피크닉picnic의 합성어로, 당일치기로 가볍게 다녀오는 캠핑을 말한다. 그렇다면 캠크닉이 피크닉과 다른 점은 무엇일까? 글쎄, 사실 이런 건 굉장히 애매한 영역에 걸쳐져 있기 마련이다. 나는 텐트를 치는 순간, 자동차를 세팅하는 순간부터 캠크닉의 영역에 들어간다고 생각한다. 캠핑이라고 해서 꼭 요리를 해야 하는 건 아니지만 텐트를 쳐서 드러누울 수 있는 실내 공간이 생기면 피크닉이 아닌 것 같다고나 할까?

텐트든 자동차든 일단 1박을 하는 것부터 캠크닉에서 캠핑으로 넘어간다고 본다. 그러니까 캠크닉이라면 당일치기여야 마땅하다. 사실 밖에서 자는 건 로망이기도 하지만 생각보다 귀찮은 일이기도 하다. 누울 자리도 만들어야 하고, 나름 햇볕과 바람을 막는 지붕과 벽도 어느 정도 있어야 한다. 해가 지면 캠핑장은 빨리 어두워지고 기온도 훅 내려간다. 대비해야 할 영역이 넓어진다는 뜻이다. 우리 가족은 캠핑카를 타고 다녀서 침실을 들고 다니는 셈이라 텐트를 칠 필요는 없지만, 그래도 좁은 공간에서 씻고 잠옷으로 갈아입는 그 분위기 전환의 순간이 사라지면 챙겨야 할 짐이 많이 줄어든다.

즉, 비교적 짧은 여유 시간에 짐과 준비물에 대한 부담을 적게 즐길 수 있는 캠핑이 바로 캠크닉이다. 이렇게 말은 하지만 나 역시 본격적으로 캠크닉을 간 지는 오래되지 않았다. 캠크닉을 다녀오는 데에 의외로 필수인 요소가 차인데, 장을 보고 물건을 싣는 것도 그렇고 캠핑 장비를 어느 정도 들고 가려고 해도 차가 있어야 편하게 오갈 수 있기 때문이다.

주말이면 캠핑을 만끽하는 사진을 인스타그램 스토리에 공유한 이후로 나를 만나면 캠핑에 대해 질문을 던져오는 지인이 늘었다. "재밌겠다. 캠핑을 가려면 뭐가 있어야 해? 그렇게 필요한 게 많아?" 입문하기 벅찬 장비 장벽에 부딪혀 아쉬움을 토로하면서도 캠핑을 체험해보고 싶어하는, 요리하기 좋아하고 먹는 것 좋아하고 놀고 싶어하는 호기심 많은 사람들.

일하면서 만났기 때문에 이들이 얼마나 일도 잘하고 요리도 잘하고 먹기도 잘 먹는 사람들인지 아는 나는 덩달아 아쉬움이 차오른다. 나무 그늘 아래에서 같이 라면만 끓여도 좋아할 사람들인데! 그러다 캠크닉 아이디어에 불이 붙은 것이다. 5분 거리를 걸어서 출퇴근하는 나와 달리 씩씩하게 어디든 차로 갈 수 있는 '자차러' 지인은 탈것을 제공하고, 나는 캠핑 장비를 제공하고, 함께 요리하고 나누어 먹는 당일치기 캠크닉을 떠나는 것! 맛보기 캠핑 경험에 이보다 더 적합한 일도 없을 것이다.

특히나 좋은 점은 가까운 도심에도 쉽게 갈 수 있는 캠핑장이 있다는 것이다. 내가 자차러 지인과 함께 가는 곳은 주로 서울 중랑구에 위치한 '중랑캠핑숲'이다. 서울시에서 조성해 운영하는 중랑캠핑숲은 체험의 숲부터 당일치기 바비큐장, 차박 오토캠핑장까지 다양하게 구성되어 있다. 공원 벤치와 오두막 같은 시설이 갖춰진 바비큐장을 예약하거나 데크 혹은 흙바닥으로 이루어진 오토캠핑장을 예약하는 방법이 있다.

바비큐장은 오전부터 오후까지 25,000원에 이용할 수 있지만 솔직히 캠핑이라는 느낌은 별로 들지 않는다. 취사 가능한 공원에서 노는 기분이랄까? 반면 캠핑장도 1박 2일에 25,000원으로 가격은 동일한데, 우리처럼 숙박은 하지 않고 당일치기로 놀더라도 오후 1시부터 입장이 가능하다. 아, 애매한데… 그런데 만나서 장을 보고 준비하고 출발하면 어차피 12시는 넘을 것 같은데? 그래서 나는 주로 돈이 아까워도 오토캠핑장을 예약한다. 둘 다 장단점이 있으니 스케줄에 맞춰서 선택해보자. 여럿이 여유롭게 놀기에는 바비큐장으로도 충분할 수 있으니까.

그런데 한번 가보면 역시 캠핑장을 이용하고 싶어질 것이다. 도심 한가운데 있는 캠핑장이 이렇게까지 자연에 파묻힌 아늑한 분위기라니! 사이트 간격이 넓은 편은 아니지만 나무와 덤불이 사이사이를 메우고 있어 그늘이 충분하고 온통 푸르르다.

무엇보다 바비큐장에는 없는 데크가 있어 이곳에 테이블과 의자만 펴면 깔끔하고 간편하게 캠핑과 피크닉 분위기가 동시에 난다. 방금까지 도심 속 마트에서 장을 봤는데 한 시간 뒤면 숲속에서 음식을 나누어 먹고 있는 것이다. 나 이 장면 《빨강 머리 앤》에서 본 거 같은데?

이날 캠크닉을 함께한 지인은 푸드 스타일리스트다. 조리도구랑 식재료는 내가 다 챙겨갈게! 했더니 알아서 그릇이며 커트러리, 매트를 가져와서 지금까지 혼자 찍은 것보다 월등히 화보에 가까운 촬영컷을 연출해준 것이다. 이게 지금 일하는 거야, 아니면 노는 거야?

좋아하는 일을 업으로 삼은 사람들의 공통점이 있다면 일과 노는 것의 경계가 없다는 것이다. 이렇게 신나는 일을 함께 해주는 사람을 굶길 수는 없지. 아이 없이 캠핑을 온 것도 처음인 나는 신나서 열심히 요리하고 사진을 찍었고, 먹고 수다를 떠는 동안 다음에 만들고 싶은 음식 리스트가 줄줄 탄생했다.

음식을 포장해서 오거나 밀키트를 가져온다면 훨씬 부담 없이 캠크닉을 즐길 수 있을 것이다. 중요한 건 함께하는 사람과 자연 그 자체니까. 캠핑이 부담스럽다면, 혹은 아직 나에게 잘 맞는지 모르겠다면, 캠크닉으로 가볍게 시작해보자.

# 원팬 맥앤치즈

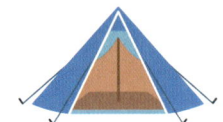

작은 티타늄 코펠 하나만 있으면
만들 수 있는 캠크닉 런치

첫 캠크닉 식사로 준비한 건 토마토 샐러드와 원팬 맥앤치즈. 솔직히 모든 요리 과정 중에서 제일 싫어하는 것이 물 끓이는 일이다. 집 안 가득 습기가 차고, 팔팔 끓을 때까지 가만히 기다려야 해서 급한 성격에 잘 맞지 않으며, 뜨거운 물은 옮기기에 위험하다는 등 온갖 핑계를 다 갖다 붙일 수 있다.

문제는 그럼에도 불구하고 파스타는 아주 좋아한다는 것이다. 그래서 가끔은 짐도 줄일 겸 작은 티타늄 코펠 하나로 완성할 수 있는 원팬 맥앤치즈를 만든다.

'원팬'의 포인트는 파스타 면을 삶는 물이 그대로 소스가 되는 것이므로 물과 우유를 많이 넣으면 안 된다. 잘못하면 국물은 '한 강물'인 채로 치즈가 분리되어 먹을 수 없는 형상이 되고 만다.

또한 우유는 순식간에 끓어 넘치기 때문에 잘 보고 있다가 끓기 전에 불 세기를 조절하고 마카로니를 넣어야 한다.

  말이 쉽지, 이 책에 실은 사진을 찍은 당일도 세 번이나 우유가 끓어 넘치는 참상을 봐야 했다. 그러니 몇 번 실패하더라도 좌절하지 말자. 또 한 가지 주의할 점은 마카로니를 넣은 다음에는 팬의 바닥에 달라붙지 않고 우유가 다시 넘치지 않도록 자주 휘저어야 한다는 것. 11분간 삶은 다음 치즈를 넣고 잘 섞으면 끝!

  이 기본 레시피에 봄 느낌을 내고 싶다면 파스타 면을 다 삶기 2분 전에 완두콩과 송송 썬 아스파라거스를 넣는다. 간은 소금과 후추, 너트메그<sub>육두구 나무의 열매로 양념, 향미료로 쓰인다</sub>로 한다. 아스파라거스가 아삭아삭 씹히는 봄맛 가득한 원팬 맥앤치즈다.

레시피

# 원팬 맥앤치즈

**재료**  마카로니 200g, 물 1½컵, 우유 1컵, 디종 머스터드 프랑스 디종 지역에서 유래한 머스터드로, 특유의 톡 쏘는 맛이 특징이다 ½작은술, 슬라이스 체다 치즈 1~2장, 소금, 후추, 너트메그

**만드는 법**

1. 팬에 물과 우유, 마카로니, 소금을 넣고 끓어오르기 직전까지 데운다.
2. 우유가 들어가서 순식간에 끓어 넘치기 때문에 잘 지켜보면서 마카로니가 익을 때까지 11분간 뭉근하게 익힌다.
3. 치즈와 나머지 양념을 넣고 잘 휘저어 녹이면서 섞는다.

# 레몬 크레페

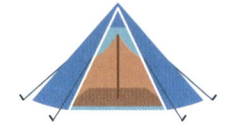

프랑스 파리 알렉상드르 3세 다리의
추억이 떠오르는 캠크닉 디저트

이번 캠핑에서 무슨 음식을 만들 것인가는 대체로 신내림처럼 찾아오는 편인데, 봄바람이 불어오자 갑자기 프랑스 파리 알렉상드르 3세 다리의 노점상에서 샀던 레몬 크레페가 떠올랐다. 넓게 펼쳐서 구운 크레페를 반으로 접고 설탕과 레몬즙을 뿌린 다음 다시 3등분으로 접어서 건네주던, 새콤달콤 설탕이 씹히던 크레페. 이걸 어떻게 해야 캠크닉에서 간편하게 만들 수 있을까?

정답은 믹서기다. 크레페 반죽은 원래 하룻밤 재워야 한다는 말이 있을 정도로 미리 만들어놔도 문제가 없다. 캠크닉을 떠나는 아침, 믹서기에 밀가루와 달걀, 오일 등 필요한 모든 재료를 넣고 모조리 드르륵 갈아버린다. 팬케이크 반죽보다 훨씬 묽은 농도로 뚝뚝 떨어지면 그대로 뚜껑을 닫아 캠핑장으로 향한다. 밥을 먹는 동안 시원한 차 안에 보관해놨다가(봄날이 시원할 때까지는 아이스박스를 꺼내지 않으니까) 파워 스토브에 프라이팬을 올리고 반죽 뚜껑을 연다. 기름을 묻힌 키친타월을 준비한다.

  달궈진 팬에 키친타월을 문질러 기름을 바르고 반죽을 붓는다. 익으면 뒤집고 설탕을 뿌려서 마저 굽고 착착 접어 접시에 담기를 반복한다. 레몬 제스트<sub>레몬 껍질을 얇게 벗겨낸 것</sub>를 뿌려도 좋고, 언제나 정답인 누텔라와 송송 썬 바나나를 넣어도 좋다. 딸기, 생크림, 꿀과 블루베리, 유자청과 크림치즈. 크레페에 어울리지 않는 과일과 단것이 어디 있을까? 봄날처럼 예쁜 캠크닉 디저트로 이만한 것이 없다.

레시피

# 레몬 크레페

**재료**   달걀 1개, 우유 160ml, 박력분 ½컵(70g), 녹인 버터 또는 식용유 2작은술, 소금 한 꼬집, 설탕 2작은술, 조리용 식용유

**토핑 재료**   레몬 1개, 설탕 약간

### 만드는 법

1. 믹서기에 조리용 식용유를 제외한 모든 재료를 넣고 곱게 갈아서 밀폐용기나 지퍼백, 깨끗하게 씻은 생수병 등에 담아 냉장고에 넣는다.
2. 그리들 또는 구이바다 전골팬, 프라이팬 등을 중약불에 달궈서 식용유(또는 버터)를 살짝 두른다.
3. 크레페 반죽을 넣고 얇게 펴서 굽는다.
4. 뒤집어서 반대쪽을 굽는 사이에 레몬즙을 약간 뿌리고 설탕을 원하는 만큼 뿌린다.
5. 두 번 접어서 접시에 담고 여분의 레몬 제스트나 설탕 등을 뿌려 먹는다.

# 봄 캠핑의 숯불

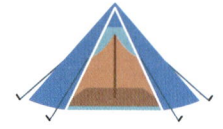

나무만이 가진 맛
숯불로 시작하는 봄 캠핑

 캠핑의 꽃은 불꽃이다. 어스름이 지는 저녁 무렵, 자연스럽게 둘러앉은 모두를 사색에 잠기게 하는 '불멍'의 대명사 장작불. 천천히 달아올라 끝까지 숨은 열기를 품고 있는 숯불. 비록 비 오는 날에 물을 잔뜩 먹어버린 장작에 불을 붙이기 위해 노력하다 보면, 캠핑장에서도 아늑한 집안처럼 다이얼만 드르륵 돌리면 켜지는 구이바다의 가스 불꽃이 소중하다는 사실이 느껴지기는 한다.

 하지만 환기할 걱정 없이 탁 트인 곳에서 날것의 불을 피우는 과정에는 인간의 가장 본능적인 부분을 건드리는 무언가가 있다. 음식을 만들어낼 수도 있고 주변의 모든 것을 다 태워버릴 수도 있는 열기, 활활 일렁이는 자연의 힘을 만들어내고 통제하고 있다는 희열이다.

가끔 생각한다. 나에게 언제든지 불을 피울 수 있는 바비큐 키친이 있었다면 캠핑을 다녔을까? 산과 바다의 품속에 가까이 안겨있다는 싱그러움, 집이 아닌 곳에서 누울 자리를 만드는 자유로움, 어디로든 떠날 수 있다는 일상 탈출의 즐거움은 모두 캠핑을 떠나고 싶게 만드는 이유다.

그러나 역시 집에서는 만들 수 없고 먹기 힘든 음식을 마음껏 요리하고 맛볼 수 있다는 것만큼 캠핑의 매력이 느껴지는 순간은 없다. 마당이 있는 집에 살았다면 캠핑을 떠나지 않았을지도? 태어나서 지금까지 한정된 공간인 실내에서만 살아온 사람은 호시탐탐 안전하게 불을 질러볼 기회를 엿보며 캠핑을 다니고 있다.

장작과 숯을 직접 다루기 시작하면 알게 된다. 인류가 불을 발견한 것은 정말 대단한 사건이라는 것을. 물론 우리는 이제 우연히 발견한 불씨를 꺼뜨리지 않기 위해 지켜야 할 필요도, 부싯돌을 내리치며 불씨를 만들어내야 할 필요도 없다. 그래도 어딘가에 불을 붙이고 키우고 유지하는 것은 생각보다 요령과 노력이 필요하다. 일단 재료를 잘 관리해야 한다.

장작을 잘 말리지 않아 수분을 머금으면 불이 붙는 대신 나무 속의 물이 끓어오르는 모습을 볼 수 있고, 시원하게 불꽃이 타오르는 대신 눈을 맵게 하는 시커먼 연기만 퍼진다. 주변 사이트에 이보다 더 미안한 일이 없을 정도로 당황스럽고 괴롭다. 우리야 우리 먹을 것을 만들기 위해 노력하는 것이지만, 초보 캠퍼의 어설픈 불 피우기 실력으로 눈과 코가 따가운 주변 사람은 무슨 죄란 말인가.

숯불은 이보다 심하다. 장작은 일단 불이 붙으면 어디에든 쓸 수 있는데, 숯불은 우선 빨갛게 달아올라서 겉에 온통 흰 재가 뒤덮일 때까지 가열해야 음식을 조리할 수 있기 때문이다. 대신 그만큼 오랫동안 열기를 뿜어낸다는 장점이 있지만 익숙해지기 전까지는 대체 언제까지 토치로 불을 붙이고 있어야 하는 것인지 의아해진다. 아직 물 한 냄비도 끓이지 못했는데, 밥 하나 먹으려고 준비하는 데에 이렇게 시간이 오래 걸린다고? 하지만 문명의 발달이 이루어지기 전의 시대란 원래 그런 것이다. 음식을 준비하는 것을 준비하기까지의 품과 시간이 다른 것이다.

그럼에도 장작불과 숯불을 피우는 이유는 음식에 한 차원 깊은 맛을 선사하기 때문이다. 고온으로 타오르는 불에 위아래가 개방된 그릴을 이용해서 음식을 구우면 무슨 일이 일어날까? 육즙이나 채즙처럼 식재료에서 빠져나온 수분이 아래로 떨어졌다가 뜨거운 열기에 다시 기화되면서 올라온다. 이 연기에는 지방과 당분, 아미노산 등이 함유되어 있어서 다시 익어가는 식재료에 달라붙으며 겉에 맛을 입힌다. 우리가 고깃집에 다녀와서 옷에 냄새가 배는 것과 같은 원리다. 바비큐를 할 때는 술 같은 것으로 고기에 오일을 바르는데, 그러면 이 연기로 인한 맛이 찰싹 달라붙는다. 파트리크 쥐스킨트의 소설 《향수》를 읽은 사람이라면 기억하겠지만 지방은 이런 향기 물질을 더욱 잘 흡수하기 때문이다.

그렇다면 직화로 굽기만 하면 가스불이라도 똑같은 맛이 날까? 물론 프라이팬처럼 막힌 공간에서 굽는 것보다는 맛있겠지만, 그래도 나무만이 낼 수 있는 맛이라는 것이 있다. 가열해서 분해되면 과이어콜나무가 타면서 생기는 냄새의 주요 성분 중 하나로, 훈제된 맛과 향을 내는 역할을 한다로 변하는 리그닌나무의 세포벽을 단단하게 만드는 물질이라는 성분이다. 시중에서 판매하는 '불맛'을 내준다는 제품에 주로 들어가는 물질로, 장작과 숯을 이용했을 때만 이 맛을 느낄 수 있다. 아무리 불 피우기가 귀찮아도 가스불 대신 토치를 들게 만드는 이유다.

참고로 숯은 탄화시키는 과정에서 본연의 나무가 가지고 있는 리그닌을 많이 잃어버리기 때문에, 숯불의 고온과 '불향'을 동시에 누리고 싶다면 훈제용 칩처럼 잘게 부순 나무 칩을 숯 위에 한

줌 뿌리는 것이 좋다. 은은한 훈제 향을 입히는 효과가 생긴다.

　이렇게 힘들게 불을 피우고 나면 주변에 존재하는 모든 것을 이 불에 구워야 할 것 같은 기분이 든다. 고기도 굽고 채소도 굽고 굴러다니는 귤도 굽고, 다음에는 새우를 가져올까, 냉동 떡갈비도 여기에 구우면 더 맛있어지지 않을까 생각한다. 마트에서 장을 볼 때도 '이거, 숯불에 구우면 어떤 맛이 날까?' 따져보는 것이 일이다. 그리고 매달 새롭게 제철을 맞은 음식을 찾아와 불에 올려본다.

# 죽순 손질하기

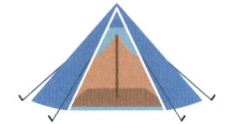

죽순을 삶으면 옥수수 향이 난다
생죽순 삶는 봄

    음식 잡지 에디터로 일하게 된 후 봄철이 되면 요리 선생님들로부터 생죽순을 손질한다는 이야기가 들려왔다. 대나무밭 근처에 사는 지인이 죽순철이 되면 보내준다고들 하는, 전설 속의 알음알음 장인의 손을 통해서만 구할 수 있는 '농산물 카르텔'과 같은 존재였다. 그 시절이 벌써 10년 전이라니!

    그래서 봄만 되면 3월 초부터 생죽순을 검색하며 '온라인 발품'을 판다. 다만 문제는 죽순은 원래 4월 중순 이후에 나온다는 것인데, 그걸 알아도 두릅을 보면 그때부터 생죽순, 맹죽순을 2~3일에 한 번씩 검색한다. 죽순을 만나야 봄 채소 갈무리가 끝나는 기분이다.

    나처럼 성질 급한 사람을 위해 먼저 말하자면 생죽순은 딱 4월

중순에서 5월, 길면 6월 초순까지 짧은 기간 동안만 구할 수 있다. 그 외에는 이때 신선하게 보존한 냉동이나 진공 포장 제품으로 구입하게 된다. 통조림도 그렇지만 냉동 보관도 잘 되는 편이라 봄철에 사서 삶아두면 냉동해서 1년 내내 먹을 수 있다. 아주 다행이다. 왜냐면 최소 구입 수량이 보통 10kg이니까! 3인 가족이 구입하기에 좀 부담스러운 양이지만 손질하면 4kg 정도밖에 남지 않고(손질해보면 무슨 말인지 이해가 된다), 1년 내내 먹을 분량이라고 생각하면 눈 딱 감고 주문하게 된다.

배송 온 상자를 열어보면 촉촉한 대나무숲에서 방금 따온 듯한 서늘한 냉기와 숲향을 풍기는 죽순이 8~9대 정도 들어있다. 향기롭고 아름답고 신비롭고 압도적인 부피다. 예전에는 집에서 죽순을 손질했지만 캠핑을 다니게 된 이후로 당일 낮에 도착하도록 열심히 계산해서 주문하고, 오자마자 상자째로 달랑 들어서 캠핑장으로 떠난다. 껍질은 부드러워서 손을 베일 일은 없지만 손끝이 까매지고, 벗기는 내내 잔털이 떨어지기 때문에 밖에서 손질하는 것이 속이 편하다. 공간 넓고 바람이 솔솔 부는 캠핑장만 한 장소가 어디 있을까! 잔뜩 펼쳐놓고 손질한 다음 쓱쓱 씻으면 끝이니까.

손질법은 아주 간단하다. 껍질을 한 장 한 장 벗기자. 그러면 아주아주 큰 대나무로 자라날 순이라는 것이 단번에 느껴진다. 얇은 껍질이 한 장씩 사라질 때마다 아래쪽에 계단이 하나씩 생긴다. 위쪽으로 올라갈수록 속살이 야들야들 뽀득뽀득해지고, 모두 벗겨내고 나면 매끈한 죽순이 제 모습을 드러낸다. 아랫부분도 오랫동안(윗부분을 삶는 시간의 2배 정도) 삶으면 아삭아삭하게 먹을 수 있다고 하는데, 개인적으로 선호하지 않는 식감이라 너무 딱딱한 부분은 2~3cm 정도 잘라낸다.

그리고 반으로 뚝 자르면 자연에서만 만들어낼 수 있는 예쁜 모양이 드러난다. 공간 하나하나가 길쭉한 대나무의 마디가 될 것이 보이는 모양. 그렇게 단단한 대나무가 갓 태어난 순일 때는 이렇게 부드럽고 맛있다니. 과연 지속 가능한 재료의 대명사다운

'태어나서 갈 때까지' 버릴 것 없는 활용도를 자랑한다.

하지만 죽순은 완전히 날것으로 먹을 수는 없다. 씹기 어렵기도 하고 아린 맛이 강하다. 대신 부드러워질 때까지 삶은 다음에 냉동 보관하면 두고두고 먹기 좋다. 보통 죽순을 삶을 때는 쌀뜨물에 삶는다. 정확히 말하자면 쌀의 쌀겨 성분이 죽순의 아린 맛을 제거하는 역할을 한다. 그래서 현미처럼 쌀겨 성분이 남아있는 생쌀을 그냥 넣어서 삶아도 효과가 있다. 나는 쌀뜨물 대신 생쌀을 한 줌 넣어서 삶는다. 죽순을 여러 번에 나누어 삶다가 한번 쌀을 넣는 것을 깜빡한 적이 있는데, 딱 그 냄비의 죽순만 아리고 쓴맛이 강렬했다. 쌀겨의 효과가 뚜렷하게 느껴지는 순간이었다. 그 이후로 까먹지 않고 꼭 생쌀을 넣는다. 한 번쯤 실수하는 것도 깨달음을 준다는 점에서 나쁘지 않은 셈이다.

집에서 생죽순을 삶아본 사람만이 할 수 있는 경험이 있다. 분명 내가 삶는 것은 죽순인데, 어디선가 옥수수 익어가는 향이 난다. 실제로 옥수수보다 단 냄새는 약하지만 확실히 옥수수 속대와 비슷한 향이 널리널리 퍼진다. 행복한 기다림의 냄새다. 아래쪽에 꼬챙이가 쑥 들어갈 때까지 삶은 다음, 그 물에 그대로 담가서 완전히 식히면 아린 맛이 더 잘 빠진다. 참고로 쌀 없이 삶아서 물에 충분히 담가두어도 아린 맛이 빠진다는 제보도 들은 적이 있는데, 아직 실험해보지는 않았다.

  쌀겨나 생쌀을 같이 넣고 삶았다면 무엇이 문제인가! 커서 대나무의 마디가 될 죽순의 속 모양을 생각해보자. 푹 삶아진 쌀이 온통 박혀있다. 다행히 죽순이 부드러워졌다고 뭉개질 정도로 약하지는 않으니 흐르는 물에 씻으면 해결된다. 다만 스스로 좀 헛웃음이 난다. 쌀은 한 줌만 넣은 것 같은데 왜 이렇게 사방에 가득 박혀있는지.

  이렇게 삶은 죽순은 죽순회처럼 초장에 먹어도 좋고, 피망잡채나 류산슬처럼 중국 요리에 쓰기도 하며, 잡채나 그냥 볶음 요리에 추가하면 아삭아삭한 매력적인 질감을 더한다. 이날 캠핑장에서 한 요리는 간장과 맛술로 간을 하고 생강을 함께 넣은 죽순솥밥. 밥이 다 지어진 다음에 송송 썰어서 섞으면 한 입마다 죽순이 아작아작 씹힌다.

  숯불에도 구워봤는데, 껍질째 구운 녀석이 역시 보기에는 최고다. 그슬린 껍질이란 어쩜 이리 매력적인지! 하지만 한 입 먹어서 비교해보니 역시 쌀겨와 함께 삶지 않은 죽순은 쓰고 아리다. 야성적이라면 야성적인데, 잘 손질해서 삶은 죽순의 부드러운 매력과는 비교하기 힘들다. 죽순은 일단 쌀(겨)과 함께 푹 삶아서 먹기! 제철일 때 삶아보기! 꼭 한 번 시도해보자.

# 칼솟 숯불구이

지금 드세요, 태워 드세요
칼솟입니다, 함양파입니다

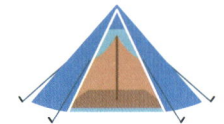

칼솟이란 무엇인가? 함양파란 무엇인가? 스페인 카탈루냐의 발스 마을에서는 매년 봄이 되면 칼솟타다 축제를 연다. 이곳은 칼솟의 원산지로, 발스 마을의 칼솟은 EU의 지리적 표시 보호PGI를 받고 있다.

칼솟타다는 이 칼솟을 직화로 겉을 완전히 태우듯이 구워 로메스코 토마토·고추·아몬드 등을 갈아 만든 매콤하고 고소한 맛의 스페인식 소스와 비슷한 살빗사다 고추·토마토·양파를 볶아서 만든 매콤하고 풍미 깊은 스페인식 소스에 찍어 먹는 음식이다. 칼솟을 직화로 겉을 태우듯이 구워서 살빗사다 소스에 찍어 먹는 것. 이게 전부다.

그런데 이 칼솟타다의 인기가 보통이 아니라고 한다. 튀겨 먹고 볶아 먹고 삶아 먹는 음식 축제도 아니고, 오로지 이 채소 하나를 구워서 먹는 축제. 대체 어떤 맛이길래 그 난리일까? 궁금하지 않을 수 없다.

반갑게도 얼마 전부터 바로 이 칼솟이 우리나라에서 '함양파'라는 이름으로 재배되기 시작했다. 1년 내내 구할 수 있는 대파나 양파와 비슷하게 생겼지만 딱 봄의 한정된 시기에만 구할 수

대파와 생김새가 비슷하고 구우면 양파처럼 단맛이 나는 이 채소는 스페인에서는 '칼솟'으로 불리고, 우리나라에서는 '함양파'로 불린다.

있다. 세상 어떤 영역에서 한정판이라고 광고를 해도 마음이 흔들리는 일이 없는 나인데, 제철에 보름만 파는 한정 채소, 한정 과일이라고 하면 무엇이든 홀린 듯이 사게 된다. 제철이 뭔지.

부지런히 구한 봄의 한정판 채소, 함양파를 받아 들면 익숙한 듯 특이한 모양새가 눈에 들어온다. 파란 부분은 영락없는 대파다. 하지만 뿌리 쪽으로 가면 일반적인 대파라고 하기에는 살짝 통통하게 알뿌리처럼 부풀어오르는 형태를 보여준다. 그렇다고 양파라고 하기에는 날씬하다. 쪽파라고 하기에는 많이 크고 굵다. 딱 용기 있게 먹을 수 있을 정도로 우리에게 익숙한 모양에, 맛이 궁금하기는 할 정도로 독특하다.

함양파를 손질하는 방법은 간단하다. 어차피 제일 겉껍질은 태워서 벗겨내니까. 흙이 묻은 지저분한 껍질만 뜯어내고 깨끗하게 씻은 다음 뿌리를 얇게 잘라내자. 그리고 숯불을 피우는 것이다. 역시 어차피 활활 태울 거니까 불조절이 그다지 필요하지 않다. 그래서 나는 숯과 장작을 교대로 착착 쌓아서 아예 초반에 함양파를 전부 구워버린다. 함양파를 한 김 식히는 동안 장작은 다 타고 숯불이 적당한 온도가 되면 냉동 삼겹살을 굽는 것! 완벽한 계획이야. 여러 모로 굉장히 호쾌하게 요리할 수 있는 채소가 아닐 수 없다.

활활 타오르는 장작불에 함양파를 올리면 천천히 겉이 새까맣게 타기 시작한다. 뒤집고 이리저리 돌려가면서 골고루 새까맣게 구우면 잘라낸 뿌리의 단면에서 너무나 맛있어 보이는 채즙이 꿀처럼 뚝뚝 떨어진다. 이때부터 슬슬 감이 온다. 굉장히 촉촉하고 달콤할 것 같다는 감이. 대파도 양파도 천천히 구우면 단맛이 강한데, 함양파는 과일인가 싶을 정도로 어느 정도 익으면 즙이 계속 뚝뚝 떨어진다.

애는 대체 정체가 뭐지? 저 떨어지는 즙도 아깝다… 그런 생각이 들 즈음이 되면 전체적으로 말랑말랑해진다. 그러면 화로에서

꺼내 신문지 위에 척 올려둔다. 완전히 타서 재가 날리기 때문에 어차피 어디 접시 같은 곳에 담거나 다른 식재료와 같이 두기에는 좀 애매하다. 칼솟타다 축제에서 흔히 그러는 것처럼 종이나 신문지를 펼쳐서 쌓아둔 채로 식히는 것이 딱 좋다.

  손으로 잡을 수 있을 정도로 식으면, 파란 이파리를 머리채 잡듯이 잡고 들어올린다. 이것도 신문지 위에서 따로 진행하는 것이 좋다. 탄 부분이 바람에 날리면 다른 음식에 묻기 쉬우니까. 그리고 한 손으로 파란 이파리를 잡은 채로 다른 손을 이용해 탄 껍질을 아래로 끌어내 통째로 벗겨낸다. 양파를 까는 것과 비슷하다고 생각하자. 포인트를 잘 잡으면 완전히 새까만 껍질이 벗겨지면서 아주 새하얗고 촉촉한 속살이 탱글하게 드러난다. 이 순간의 엄청난 쾌감! 내 손은 두 개뿐이었기 때문에 이걸 자랑할 수 있도록 제발 좀 영상으로 찍어달라고 외쳤다. (영상은 내 인스타그램에 올려두었다. @misty_life)

  불을 피우고 활활 태우는 난리를 친 함양파의 맛은 어떨까? 제일 굵은 부분도 부드럽게 잘 익은 함양파를 하나 집어 들고 입에 넣는다. 깔끔하게 썰 생각은 하지 말자. 그냥 함양파는 지저분하게 요리하고 지저분하게 먹을 수밖에 없는 음식이다. 새까매진 손으로 길쭉한 대파 같은 모양새를 그냥 입에 넣고 부드러운 속만 쪽 빨아내 먹는 것이다. 제일 겉껍질이 질겨서 잘 안 잘리면 어차피 안쪽 속살만 빠져나온다. 첫 데이트를 하면서 먹기는 참 힘들겠다 싶은 음식이다.

그런데 이걸 먹어보면 상대방이 어떤 모습을 하고 있는지는 문제가 아니다. 맛있으니까. 지금까지 먹어본 파속 채소, 아니 모든 채소 중에서 제일 부드럽고 달콤하다. 그냥 익힌 게 전부인데! 아린 맛 하나 없는 달콤한 채즙이 입안 가득 차고, 알뿌리 전체가 실크처럼 부드럽게 씹힌다. 이거 뭐야, 방금 내가 먹은 거 과일인가? 파라며?

대파나 양파는 아무리 부드럽고 달콤하게 구워도 채소의 감칠맛은 은은하게 남아있다. 그 이상을 바라지도 않는다. 그런데 함양파는 정말 순하고 달콤하고 촉촉하다. 왜 굳이 태워서 속만 빼내 먹는지, 왜 굳이 다른 조리법을 필요로 하지 않는지 전부 이해할 수 있다. 이렇게만 먹어도 맛있고, 이렇게 먹었을 때 제일 맛있겠다 싶다.

이날 소스는 원래 후무스<sub>병아리콩을 삶아 만드는 디핑 소스</sub>에 매콤하게 양념을 해서 곁들일 생각이었다. 로메스코 소스를 만들기에는 좀 귀찮았으니까. 하지만 이게 웬걸, 후무스를 냉장고에 둔 채로 캠핑을 떠나고 말았다. 이것이고 저것이고 두고 다니는 것은 하루

이틀 있는 일이 아니라서 이제 당황하지도 않는다. 그래서 아이스박스를 뒤져 마요네즈에 쌈장과 다진 마늘을 넣고 잘 섞어 쌈장 마요네즈를 만들었다.

아마 파프리카와 아몬드로 만든 로메스코 소스나 최소한 병아리콩이 기반인 후무스와 함께 먹는다면 정말 잘 어울렸을 것이다. 하지만 급하면, 그리고 익숙한 맛을 원한다면 쌈장 마요네즈도 함양파를 맛보기에 딱 좋은 부드러움과 매콤함을 가미한다. 무엇보다 함양파 자체가 달콤하고 촉촉해서 뭔가를 찍어 먹어도, 찍어 먹지 않아도 눈이 휘둥그레지기에는 충분하다. 곁들여야 한다는 로메스코 소스가 낯설다고 포기하지 말자. 없어도 충분하고, 잘 익은 함양파를 베어 무는 것 자체의 만족감이 굉장하니까.

물론 다음 봄에는 로메스코 소스를 만들어갈 생각이다. 카탈루냐에 직접 가서 먹어보고 싶은 마음은 간절한데 그것보다는 내가 소스를 만드는 편이 빠를 것 같으니까. 이거 하나만으로 축제를 열만 하다. 그렇다면 지난 캠핑은 우리만의 작은 축제가 아니었을까. 함양파는 그런 감동적인 채소다.

# 봄나물과 튀김

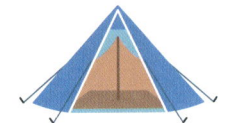

바삭바삭 입안에서 봄이 부서진다
봄나물 튀김은 자고로 캠핑장에서

캠핑장에서 요리를 한다고 하면 '집에는 있지만 밖에는 없는 것'을 떠올리며 불편하고 부족한 환경이라고 생각하기 쉽다. 하지만 사실 캠핑 요리는 한없이 자유로운 공간에서 하는 것이다. 그냥 밖에서 먹으면 뭐든 맛있게 느껴지는 수준이 아니다. 장작불을 활활 태우면서 요리하면 집에서는 불가능한 수준의 화력을 낼 수 있을 때도 있고, 생선 요리나 숯불구이처럼 실내에서는 냄새가 배고 공기가 나빠져서 만들기 힘든 음식을 아무 걱정 없이 만들 수 있다. 내가 캠핑을 나가면서 더욱 신나게 만들기 시작한 음식이 또 한 가지 있으니, 바로 튀김이다.

솔직히 만들기 귀찮은 음식이기는 하지만 그래도 직접 튀김을 만드는 것은 매력적인 일이다. 무엇보다 기름에 절어 냄새가 나기 전, 갓 튀긴 튀김만큼 맛있는 것은 없다. 그리고 직접 만들면 내 취향에 딱 맞는 식재료만 튀길 수 있다.

주기적으로 튀김을 해볼까, 싶은 생각이 들지만 집에서는 그렇게 자주 만들지 않는다. 심지어 소형 튀김기를 하나 구입했는데도 좀처럼 꺼내게 되지 않는다. 튀김 냄비는 물론이고 주변에 기름이 튀면 뒷정리를 하기가 번거롭고, 튀김 기름이 함지박만큼 남으면 그걸 처리하는 데에도 한세월이 걸리기 때문이다. 한 번 튀김을 만들고 나면 기름 냄새만큼이나 뒤처리에 질려서 다시 엄두를 내기 힘들다. 그래서 에어프라이어나 프라이팬에서 굽듯이 튀기는 방식으로 대체하다 도저히 못 견딜 상태가 되면 다시 기름을 붓는 것이다.

뒷정리 때문에 원하는 만큼 튀김을 해먹지 못하는 사람이 있다면 캠핑장에서 커다란 냄비에 튀김을 꼭 해보기를 추천한다. 일단 야외라서 집 전체에 기름 절은 냄새가 밸 일이 없고, 개수대가 잘 갖춰진 캠핑장이라면 설거지도 시원시원하게 해치울 수 있다.

남은 기름은 신문지에 잘 흡수시켜서 보관했다가 화로대에 장작이나 숯불을 피울 때 착화제로 활용할 수 있다. 따로 고체 연료를 구입하지 않아도 되고, 내내 토치를 들고 불씨를 살리며 붙어 앉아 있어야 할 필요도 없다.

특히 침니 스타터(숯 점화장치)가 있다면 아래에 꼭꼭 뭉쳐서 튀김 기름을 흡수시킨 신문지 덩어리를 두세 개 깔고 숯을 올리자. 중간에 기름 밴 신문지를 같이 배치해가며 숯을 마저 올린 다음 토치나 주둥이가 긴 라이터로 신문지에 불을 붙이면 숯이 빨갛게 달아올라서 흰색 재가 덮일 때까지 불이 잘 유지된다. 효율적으로 물자를 활용하는 캠퍼가 된 듯한 뿌듯함은 덤이다.

특히 시장에 등장하는 순간 봄을 실감하게 하는 두릅이나 아스파라거스, 냉이처럼 씹는 맛이 두드러지고 향이 강한 봄채소는 튀김과 잘 어울린다. 바삭한 튀김옷 아래로 촉촉한 아스파라거스와 향긋한 냉이가 아작, 하고 씹히면서 즙이 배어나온다. 여기에 봄바람이 불어오면 맥주 안주로 이만한 것이 없다.

### 향기로운 봄 튀김 만드는 법

바삭바삭한 튀김옷을 만드는 데에는 여러 가지 요령이 필요하다. 물 대신 탄산수나 맥주를 사용하면 더 가벼운 질감을 낼 수 있다. 밀가루의 글루텐이 최소한으로 발생해야 질기지 않고 바삭함을 유지하기 때문에 튀김가루에 수분을 첨가하고 나면 많이 휘젓지 않는 것이 좋다. 중간중간 가루가 뭉친 멍울이 남아있어도 상관없다. 또한 튀김가루나 밀가루는 서늘한 곳에 보관하고,

찬물을 쓰거나 얼음을 넣는 등 낮은 온도를 유지해야 맛있는 튀김옷이 된다.

반죽 농도는 되직할수록 튀김옷이 두꺼워지고, 묽을수록 얇고 가벼워진다. 튀길 재료와 반죽옷이 분리되지 않게 하려면 먼저 밀가루를 가볍게 묻혀서 잘 털어낸 다음 반죽옷을 입히는 것이 좋다. 볼이나 비닐봉지에 가루와 함께 넣고 잘 흔들어서 고루 묻히도록 한다.

조금 더 향기로운 튀김을 만들고 싶다면 두 가지 방법이 있다. 튀김에 가장 마지막에 입히는 옷, 그러니까 축축한 반죽이나 바삭한 빵가루에 원하는 향신료를 가미하는 것이다. 치즈가루나 허브도 잘 어울리고, 가람 마살라<sub>인도 요리에 널리 쓰이는 매콤한 혼합 향신료</sub>처럼 이국적인 향신료를 넣는 것도 좋다. 수분이 너무 많아서 기름이 닿으면 터질 우려가 있는 재료만 아니면 된다.

양념간장을 만드는 대신 다 튀긴 후에 튀김 자체에 간을 하는 것도 좋다. 햄버거 프랜차이즈에서 판매하는 양념 감자튀김이라고 생각하면 제일 간단하다. 예를 들자면 이런 식이다. 아스파라거스를 송송 썰어서 밀가루를 살짝 묻힌 다음 반죽옷을 입혀서 노릇노릇하게 튀긴다. 건져서 철망에 얹어 기름기를 제거한다. 그리고 아직 따뜻할 때 볼에 넣는다. 소금과 후추로 간을 넉넉히

하고 다진 마늘과 레몬 제스트, 파르메산 치즈, 다진 파슬리를 넣어서 버무려 내는 것이다. 그러면 소스를 곁들이지 않아도 그 자체로 충분히 맛있는 튀김 한 그릇이 완성된다. 다진 마늘과 치즈가 배어든 따뜻한 튀김옷의 중독성은 먹어봐야 안다.

마지막으로, 아무리 착화제로 쓸 수 있다 하더라도 넉넉히 부은 튀김 기름이 남으면 아깝다. 이왕 반죽옷을 전부 펼쳐놓은 김에 이것저것 튀기고 싶어질 것이다. 아이스박스를 뒤져서 '튀기면 정말 뭐든 맛있어지는지' 확인하고 싶은 식재료를 꺼내자.

잘 손질한 두릅에 가장 심플하고 가벼운 튀김옷을 살짝 입혀서 튀겨내는 것도 좋지만, 당근과 양파 등을 섞은 평범한 채소 튀김에 냉이나 달래처럼 봄내음이 가득한 봄나물을 섞어 넣어 튀기는 것도 좋다. 다진 새우살에 세발나물을 섞어서 완자처럼 튀기면 스위트 칠리 소스가 잘 어울리는 간식이 된다. 김에 찹쌀풀을 묻혀서 튀긴 김 튀각에 참깨와 고춧가루를 솔솔 뿌리면 불멍용 술안주가 따로 없다. 무엇보다 갓 튀긴 무언가를 먹어보기 위해 옹기종기 모여드는 사람들에게 둘러싸인 고소한 캠핑날의 추억이 함께 완성될 것이다.

# 누룽지 알밥

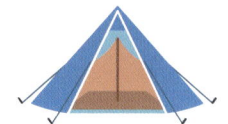

묵직한 취향, 무쇠팬으로 만드는
노릇노릇 누룽지 알밥

   한 사람을 파악하는 방법에는 여러 가지가 있는데, 주방을 구성하는 조리도구도 그중 하나다. 보통 한 음식 문화권 내에서는 식탁을 차리는 구성이 비슷한 만큼 냄비에서 프라이팬, 그릇과 접시까지 주방을 이루는 도구에서 비슷한 모습이 엿보인다.

   캠핑의 주방도 비록 매번 해체와 재조립을 반복하기는 하나 주방은 주방이라, 구성에는 취향이 확고하게 반영되어 있다. 백패킹에 쏙 들어가는 소꿉놀이 같은 미니멀 주방에서 중국집을 연상케 하는 화력을 자랑하는 화구와 화롯대까지 실로 다채롭다.

   물론 취향과 현실 사이에서 타협할 필요는 있다. 가령 내 눈에는 항상 1인용 반합과 고체연료를 사용하는 손바닥만 한 조립식 스토브가 들어오지만, 가족과 함께 캠핑카로 쏘다니는 입장에는 어울리지 않아 내려놓는다. 하지만 캠핑을 하게 되어 진정으로 신나게 활용하는 취향 저격 팬이 있으니 바로 묵직한 쇳덩어리, 무쇠팬이다.

프라이팬에서 냄비, 빵틀까지 다양한 종류가 있는 무쇠팬을 사이즈별로 네 개, 그리고 크레페용 납작팬과 뚜껑 달린 냄비인 더치 오븐까지 추가로 가지고 있다. 그럼에도 집에서 원하는 만큼 무쇠팬을 자주 꺼내지 못하는 것은 오로지 무게 때문이다. 내용물을 가득 채우면 작은 오븐의 선반은 무게를 버티기에 살짝 위험할 때도 있고, 매일 사용하기에는 내 손목의 건강이 위협을 받는다.

그럼에도 무쇠팬을 좋아하는 이유를 말하라고 하면 대체 어디서부터 시작해야 좋을까. 시크한 블랙 컬러? 자연 속에도 도심 속에도 어울리는 끝내주는 사진발? 물론 그것도 좋다. 무쇠팬에서 익어가는 모듬전만큼 맛깔스러워 보이는 음식도 없으니까.

무쇠팬의 장점은 그것만이 아니다. 손잡이까지 쇳덩어리라 당연히 직화가 가능하고 오븐에 넣어도 끄떡없으며, 열보존율이 좋아서 스테이크며 양파를 노릇노릇하게 굽기에 이만한 팬이 없고, 코팅이 벗겨지면 버려야 하는 코팅팬과 달리 관리만 잘 하면 대대로 물려주는 가보가 되는 것도 농담이 아니다.

캠핑에서 무쇠팬을 써야 하는 이유는 뭐니뭐니 해도 열보존율이다. 천천히 예열해서 전체적으로 뜨겁게 달군 다음 삼겹살을 넣어보자. 세상 만족스러운 치이이익 소리가 난다. 워낙 뜨거우니까 식재료를 넣어도 식지 않고 멋지게 노릇노릇한 크러스트를 만들어낸다. 노릇노릇이란 마이야르 반응, 그리고 그것이 바로 감칠맛, '맛'이다. 무쇠팬에 구운 고기만큼 맛있는 건 없다는 뜻이다.

물론 단점도 있다. 앞서 말한 무게는 물론이고 손잡이까지 달궈지니까 일단 불에 올리면 장갑이나 손잡이 커버를 써야 화상을 입지 않는다. 또한 토마토 같은 산성 재료를 넣고 너무 오래 끓이면 '쇠맛'이 난다. 가장 큰 단점은 관리법인데, 세척하고 바로 물기를 제거해서 바짝 말리지 않으면 반드시 녹이 슨다.

흔히 무쇠팬에 대해서 가장 크게 오해하는 부분이 '세제나 비눗물로 씻으면 안 된다'인데, 이것은 전혀 사실이 아니다. 무쇠팬에 음식이 달라붙지 않게 길들이는 시즈닝seasoning 과정을 기름으로 하기 때문에 생겨난 오해다. 기름을 바르고 가열하면 플라스틱과 비슷한 구조로 변형되며 무쇠팬이 코팅된다. 세제로 씻어낼 수 있는 종류가 아니며, 오히려 세제를 쓰지 않으면 이물질이 남아 코팅을 망가뜨리게 된다. 마음 놓고 비눗물로 박박 씻어도 된다는 뜻이다.

문제는 그 다음이다. 무쇠팬을 씻고 나서 그대로 마르겠거니 하면 반드시 녹이 슨다. 정말 하룻밤만에도, 한 방울만 남아있어도 녹이 슨다. 그러니 사용한 후에는 깨끗하게 씻은 다음 물기를 싹 닦고 불에 살짝 달궈서 말리도록 하자. 내버려두면 마르는 팬에 비해 확실히 귀찮고 손이 간다. 그럼에도 고기와 전이 환상적으로 구워지는 데다 예쁘고 아름다우니 역시 무쇠팬을 포기할 수가 없다.

무쇠팬은 밥도 잘한다. 무쇠 냄비는 특히 솥밥 영역에서도 환상적인 누룽지를 보여주며 대활약을 한다. 밥을 직접 짓지 않더라도 그 노릇함을 즐기고 싶다면 냄비 없이도 가능한 무쇠 프라이팬 알밥을 만들어보자. 직접 만들면 날치알을 비롯한 모든 재료를 원하는 만큼 넣을 수 있다는 장점이 있다.

일단 차가운 프라이팬에 참기름을 살짝 두르고 밥을 넓게 펴 담는다. 그리고 잘게 다져서 각각 양념한 맛살과 단무지, 오이, 김치를 예쁘게 얹는다. 가운데에 날치알을 듬뿍 올린 다음 불에 올려서 따닥따닥 소리가 나며 바닥에 누룽지가 생길 때까지 가열한다. 김가루와 소스를 취향대로 넣고 비벼서 먹으면 완성! 집에서 모든 재료를 손질해오면 정말 5분 만에 차릴 수 있다는 것도 매력적이다. 비비는 동안에도 지글지글 끓는 소리가 나는 것이 입맛을 당기게 하는, 무쇠팬이라 가능한 캠핑의 프라이팬 식사를 즐겨보자.

> 레시피

# 누룽지 알밥

**재료(계량은 자유! 원하는 만큼 넣어도 좋다!)**

밥, 냉동 날치알, 식초, 오이, 단무지, 맛살, 김치, 마요네즈, 설탕, 참기름, 참깨, 김가루(생략 가능)

**만드는 법**

1. 냉동 날치알은 체에 밭쳐서 식초를 살짝 뿌려 해동한다.
2. 오이, 단무지, 맛살, 김치는 각각 잘게 다져서 따로 그릇에 담는다.
3. 맛살에는 마요네즈와 설탕을, 김치에는 참기름과 참깨를 넣어서 잘 섞는다.
4. 무쇠 프라이팬에 참기름을 살짝 두르고 밥을 넓게 펼쳐 담는다.
5. 오이와 단무지, 맛살, 김치를 밥 위에 둘러 담는다.
6. 가운데에 날치알을 넉넉하게 얹고 불에 올려서 바닥에 누룽지가 생길 정도로 가열한다.
7. 김가루를 뿌린 다음 잘 비벼서 먹는다.

# 바비큐 디너

아웃도어 바비큐 키친과
풀드 포크와 갈릭 허브 라이스

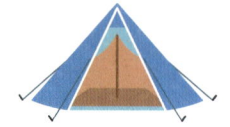

 캠핑을 시작하면서 주방에 대한 최후의 소원을 이룬 사람, 바로 나. 마당 있는 집에 살지 않고도 하마터면 영영 아쉬워할 뻔한 아웃도어 주방을 갖고 싶다면 단연 캠핑을 추천한다.
 '우리 집에는 귤나무가 있지만 제주도 사람이 모두 귤나무를 키울 거라고 생각한다면 오산이야'라는 우스갯소리가 있듯이 '나는 바비큐를 할 줄 알지만 호주 사람이 모두 바비큐를 할 줄 안다고 생각하면 오산이야'라는 말을 어느 요리책을 번역하며 본 적이 있다.
 아름다운 날씨가 되면 곳곳에서 불을 피우고 바비큐를 시작한다는 호주처럼, 야외에서 식사하기 좋은 날씨가 되면 언제든지 숯불을 피우고 장작불을 때서 바비큐 요리를 할 수 있는 공간.

캠핑을 하면 그런 공간을 손에 넣을 수 있다.

그동안 외국 요리 잡지를 보면 어쩜 그렇게 바비큐 그릴에 어울리는 레시피만 눈에 들어오는지! 집에서 프라이팬에 구울 수도 있지만, 아무래도 그 기분이 살지 않는다. 화력이 덜하고 불향이 없으니 맛도 덜하다.

하지만 이제는 주말 캠핑 계획이 잡히면 해보고 싶은 바비큐 요리 리스트를 꺼내들 수 있다. 원하는 만큼 불을 활활 피우고 바비큐 양념에 재운 스테이크며 새우, 불향을 입혀 천천히 익혀야 하는 덩어리 고기 등을 익힐 수 있게 되었다. 내 주방 설계에서 유일하게 부족했던 1%를 캠핑이 드디어 채워준 것이다!

어느 날 주말, 캠핑을 떠나면서 돼지고기 목살 덩어리를 스테이크 럽더 풍부한 스테이크 맛을 위해 바르는 양념 또는 향신료에 하룻밤 재워 들고 갔다. 미국식 바비큐에서 흔하게 등장하는, 너무 맛있어 보이는 요리 '풀드 포크'를 만들고 싶은 날이었으니까. 풀드 포크는 진한 향신료에 재운 돼지고기를 포크로 찢을 수 있을 정도로 부드러워질 때까지 천천히 훈제하며 익히고, 소스에 버무려서 감칠맛이 폭발하는 상태로 빵 등을 곁들여 먹는 미국 남부의 요리다.

불향을 입히고 천천히 오랫동안 익혀야 해서 집에서는 슬로우

쿠커로 흉내를 내는 것에 그칠 수밖에 없다. 그래서 바비큐 그릴이 생기면 꼭 만들고 싶었던 음식 중 하나이기도 했다. 양념한 돼지고기를 장작불에 겉만 구워서 훈제 향을 입히고, 서양 장조림 국물 같은 양념에 담가 푹 익히고, 결대로 찢어서 그 소스에 버무리면 끝. 날것의 불과 시간만 있으면 완성되는 덕분에 야외에서 불을 피운 보람을 느끼게 해준다.

전날 비가 온 덕분에 살짝 수분감이 있는 장작에 겨우겨우 불을 붙이고, 소스와 맥주를 부어서 반쯤 잠긴 돼지고기가 든 롯지 더치 오븐뚜껑이 있는 무쇠 냄비을 화로대에 올려놓고 잠시 의자에 반쯤 눕듯이 앉아 한여름 낮의 불멍을 즐겼다. 맥주에 고기를 익히는 것도, 결합 조직이 완전히 끊어질 때까지 느긋하게 익혀야만 완성되는 질감을 기다리는 것도, 미국 남부 바비큐의 대표 메뉴를 요리하고 있다는 것도 만족스러워서 마치 내가 맥주에 잠긴 듯한 기분이었다.

잘 익은 고기를 결대로 쭉쭉 찢고, 남은 소스에 버무리고, 채 썬 적양배추에 송송 썬 포도를 넣어서 코울슬로를 나물 만들듯이 무쳤다. 원래 토르티야를 굽고 싶었는데 어째서인지 반죽이 거하게 망하고 말았다.

그렇다고 좌절하면 푸드 에디터라고 할 수 없지. 마늘을 다지고 챙겨온 고수를 수북하게 송송 썰어서 즉석에서 갈릭 허브라이스를 볶았다. 순식간에 만들었지만 풀드 포크와 더할 나위 없이 잘 어울렸다. 영양소 구성부터 맛까지 다양하게 갖춘 원플레이트 식사 완성! 더운 날, 맥주 한 잔과 딱 맞는 바비큐 디너다.

**레시피**

# 풀드 포크

| | |
|---|---|
| **재료** | 돼지고기 목살(덩어리) 600g, 스테이크 시즈닝(가루 향신료면 무엇이든 OK) 3큰술, 양파 ½개, 맥주 또는 닭 육수 300ml |
| **양념 재료** | 케첩 3큰술, 황설탕 2 ½큰술, 사과 식초 2큰술, 우스터 소스 1큰술, 디종 머스터드 1작은술, 핫소스 1작은술 또는 레드 페퍼 플레이크 적당량 |
| **곁들임 요리** | 코울슬로, 플랫브레드나 디너롤 또는 갈릭 허브라이스(다음 장에 소개한다), 라임 조각 |
| **사용한 도구** | 롯지 더치 오븐, 장작, 화로대 |

## 만드는 법

1. 돼지고기에 스테이크 시즈닝을 골고루 묻혀서 지퍼백에 담아 냉장고에 넣는다. 하룻밤 이상 재운다.
2. 장작불을 피워서 돼지고기를 겉만 지진다. 또는 더치 오븐에 기름을 두르고 넣어서 겉만 지진다.
3. 양파를 잘게 썰어서 넣고 가볍게 볶는다. 맥주나 닭 육수를 돼지고기가 반 이상 잠기도록 붓는다.
4. 모든 양념 재료를 잘 섞어서 ⅔ 정도만 더치 오븐에 넣고 잘 섞는다.
5. 뚜껑을 닫고 한소끔 끓인 다음 포크로 고기가 찢어질 정도로 부드러워질 때까지 약한 불에 뭉근하게 4시간 이상 익힌다. 중간에 국물이 너무 졸아들면 물을 부어서 보충한다.
6. 고기는 꺼내서 결대로 찢고 국물은 기름기를 제거한다. 고기와 남은 양념을 넣어서 잘 섞어 가볍게 볶는다.

## 레시피

# 갈릭 허브 라이스

**재료**  햇반 1개, 마늘 2쪽, 고수 3뿌리, 소금, 버터 또는 식용유

**만드는 법**

1. 마늘은 다진다.
2. 고수는 뿌리를 제거하고 잎과 줄기를 분리해서 각각 잘게 다진다.
3. 팬을 불에 올리고 버터 또는 식용유를 두른다.
4. 마늘과 다진 고수 줄기를 넣어서 살짝 노릇해지도록 볶는다.
5. 햇반을 넣고 소금 간을 해서 골고루 잘 볶는다.
6. 다진 고수 잎을 넣어서 잘 섞어낸다.

# 숯불 꼬치구이

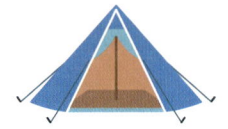

누구나 행복한 순간,
모두가 즐겁기를 바라는 마음

    이번 주말 캠핑에서 어떤 음식을 만들지 결정할 때는 많은 요인이 영향을 미친다. 그 즈음에 가장 먹고 싶은 음식, 꼭 한 번 만들어보고 싶었던 음식, 너무 지쳐서 최소한의 움직임으로 맛있는 밥을 먹고 싶을 때 고르는 음식, 마침 시장에 갔더니 아주 싱싱한 채소가 보여서 즉석에서 결정한 음식. 그러다 그저 그 자리에 있는 모두가 저마다의 방식으로 즐겁기를 바라는 마음이 가장 큰 날이면 꼬치구이를 고른다.

    길쭉한 꼬챙이에 날것의 식재료를 꽂아 숯불이나 모닥불에 직화로 익히는 꼬치구이는 인류가 불을 발견한 이후로 내내 존재한 아주 원초적인 조리법이다. 말레이시아의 사테, 브라질의 슈하스코, 그리스의 수블라키, 러시아의 샤슬릭에 이르기까지 전 세계에서 널리 찾아볼 수 있는 것도 그 덕분이다. 가스 스토브에 이어 전기 인덕션까지 가정 내의 가열원은 다양하고 편리하게 발전해왔지만, 활활 타오르는 불에 안전 거리를 유지하며 적당한 시간 안에 익힐 수 있도록 썬 식재료를 긴 꼬챙이에 끼워서 익히는 것은 그야말로 누구나 어떤 상황에나 할 수 있고 어떤 식재료에도 적용할 수 있을 만큼 직관적이다.

그래서 특히나 취향을 속속들이 다 알지 못하는 지인과 함께 캠핑을 할 때면 꼬치구이가 제격이다. 아예 재료를 꼬치에 꽂으면서 요리를 준비하는 순간부터 함께 하는 파티나 이벤트처럼 꾸미기에도 좋다. 숯불만 캠핑에 익숙한 사람이 맡아서 피워 주면 캠핑 초보도, 요리에 익숙하지 않은 사람도 누구나 어느 정도의 결과물을 낼 수 있기 때문이다.

그래서 꼬치구이를 만들 때는 다양한 식재료를 조금씩 많이 준비하는 것이 좋다. 가장 간단하게는 채식주의자도 육식주의자도 맛있게 먹을 수 있는 구성을 마련할 수 있다. 불에 촉촉하게 구우면 맛있을 법한 채소가 무엇인지 생각해보자.

당근이나 감자처럼 밀도가 높은 채소는 저온에 오랫동안 익혀야 하므로 쿠킹 포일에 싸서 불에 묻는 것이 나으니, 수분이 많고 빨리 익는 채소가 적합하다. 꽈리고추, 마늘, 은행, 각종 버섯, 가지, 애호박 등등. 대파도 직화로 노릇하게 구우면 속에 촉촉하게 채즙이 차올라 달콤한 맛이 일품이다. 양파처럼 잘 분리되는 채소는 꼬챙이를 두 개 이상 꽂아서 형태가 유지되도록 하면 불구덩이에 다 빠뜨릴 위험이 없다.

육류도 소량으로 섞어서 살 수 있으면 제일 좋다. 닭고기는 소위 '퍽퍽살'인 가슴살과 촉촉한 다리살, 쫄깃한 근위<sup>모래주머니</sup>를 취향대로 구입해보자. 돼지고기는 익으면서 본연의 지방이 녹아내려 주변의 식재료에도 맛을 더한다. 양념한 장어나 새우, 관자 등 해산물도 꼭 반기는 사람이 있다. 또한 건강과는 거리가 멀지만 가공육도 꼬치구이에서는 대활약을 한다. 껍질이 탁탁 터지도록 그슬리게 익힌 소시지가 맛있는 것은 누구나 아는 사실이다. 얇게 저민 베이컨으로 돌돌 감싼 팽이버섯이나 아스파라거스, 가래떡 등을 구우면 아이들은 최고의 간식이라고, 어른들은 최고의 안주라고 입을 모은다.

이 모든 재료를 한 입 크기로 썰어서 준비했다면 모두 둘러앉아서 꼬챙이에 먹고 싶은 식재료를 끼워 나만의 꼬치를 만들도록 해보자. 꼬챙이에는 여러 가지 종류가 있는데, 철제 꼬치는 튼튼하고 여러 번 사용할 수 있지만 꼬챙이까지 뜨거워져서 뒤집거나 들고 먹을 때 위험할 때가 있다. 나무 꼬챙이는 비교적 익은 음식이 잘 빠져나오는 장점이 있는데, 만일 나무 꼬챙이를 사용할 때마다 끝 부분이 탄다면 미리 물에 담가 불려두는 것이 좋다.

또 한 가지, 직화는 기본적으로 불향이 입혀지면서 '겉바속촉'으로 구워지기 때문에 간과하기 쉽지만 이 불향이 식재료에 잘 배도록 하는 것은 기름의 역할이다. 녹인 버터나 식용유 등을 옆에 마련해두고 조리용 솔로 살살 발라가면서 너무 강하지 않은

불에 각자 꽂은 꼬치를 뒤집어가며 천천히 익힌다. 불이 너무 강하면 겉만 타고 속은 안 익을 수 있고, 불이 너무 약하면 한세월이 지나도 식사를 시작하기 힘들다. 숯불의 위치를 바꾸고 장작을 그때그때 추가하면서 누구나 캠핑 요리의 정수를 간접 경험하게 도와주자.

각자 열심히 구운 꼬치를 들고 둘러앉는다. 찍어 먹을 소스도 여러 가지를 준비하면 좋다. 쌈장, 마요네즈, 폰즈, 심플하게는 소금과 후추. 누군가는 닭가슴살에 대파를 번갈아 꽂아 한 입에 넣고, 그 옆에서는 노릇하게 구운 은행을 한 알씩 빼먹으며 쫀득함을 즐긴다. 너무 바짝 익었으니 이번에는 더 짧은 시간 구워보겠다고 다시 불 앞에 앉는 사람도 있고, 나처럼 맥주 한 모금을 홀짝이면서 각자의 취향을 알고 싶어 손에 든 꼬치를 흘깃거리는 사람도 있다.

만나는 사람 모두가 한 마음으로 좋아하는 음식을 찾아 똑같은 한 그릇을 나누어 먹는 것도 행복이지만, 꼬치구이 파티는 그런 것이다. 나와 같은 마음인 사람도 나와 다른 마음인 사람도 여기에 둘러앉았을 때만큼은 무엇이든 맛있게 먹기를 바라는 것. 누구도 실패하지 않고 배를 곯지 않고 만족하기를 바라는 것. 다양한 마음이 그 모습 그대로 행복하기를 바라는 것이다.

# 스모어와 마시멜로

**내가 좋아하는 쿠키로 만드는
셀프 스모어 바**

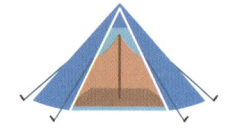

    스모어란 S'MORE, 즉 자꾸 더<sup>more</sup> 달라고 할 정도로 맛있다는 구운 마시멜로와 초콜릿, 통밀 크래커의 조합을 말한다. 장작불에 살살 구워서 뜨끈하고 쫀득하게 늘어나는 마시멜로를 초콜릿과 함께 통밀 크래커에 끼우면, 마시멜로의 열기가 초콜릿을 녹이면서 단맛이 두 배로 강렬해진 디저트가 완성된다. 미국 아동 소설을 보면 캠프파이어에 빠짐없이 등장하는 로망의 간식. 그러나 스모어의 가장 큰 문제점이 있으니, 바로 내가 마시멜로를 별로 좋아하지 않는다는 것이다. 나는 정말이지 푹신하고 쫀득하고 설탕 단맛이 강렬한 마시멜로의 매력을 도무지 알 수가 없다.

    우리나라 사람이 가장 흔하게 접하는 마시멜로는 초코파이 안에 있는 하얗고 쫀득한 부분일 것이다. 예전부터 마시멜로는 칼로리가 아주 높아서 이 칼로리를 소모하려면 지구를 몇 바퀴 돌아야 한다는 우스갯소리가 퍼지곤 했다.

하지만 마시멜로는 기본적으로 설탕 시럽과 젤라틴 등을 보송보송하게 거품 내 굳혀 만든다. 공기 방울을 넣어서 부피를 늘린 것이다 보니 크기가 주는 느낌에 비해서는 오히려 칼로리가 낮은 편이다. 다만 특유의 폭신하면서 쫀득한 질감이 낯설고 다양한 풍미를 지닌 초콜릿이나 캐러멜 등의 당과에 비해 설탕 고유의 심플한 단맛이 강한 부분이 익숙하지 않은 사람에게는 어색하게 느껴진다. 그 사람이 바로 나.

아무튼, 캠핑 요리의 모든 것을 탐구하겠다고 마음먹은 지금에 와서 호불호 따위로 캠핑의 로망인 레시피를 날려버릴 수는 없지. 그래서 스모어 연구에 돌입했다. 그리고 찾아냈다. 스모어를 무조건 맛있게 만드는 방법을. 바로 '내가 좋아하는 쿠키'로 스모어를 만들 수 있는 '셀프 스모어 바'를 차리는 것이다!

스모어의 기본 구성은 마시멜로와 초콜릿, 통밀 크래커다. 쫀득한 마시멜로와 녹진한 초콜릿을 고소하고 바삭한 크래커가 감싸면서 질감의 조화가 느껴진다. 그런데 평소 통밀 크래커를 즐겨 먹는 사람이 아니라면 전부 낯선 느낌이 들 수밖에 없다. 따끈하고 쫀득한 마시멜로에도 적응해야 하는데, 쿠키마저 낯설다면 이

걸 왜 먹어야 하는지 이해하기 힘들어진다.

그렇다면 방법은? 내가 좋아하는 쿠키로 스모어를 만드는 것이다. 세상에는 온갖 종류의 쿠키가 있다. 초콜릿 칩 쿠키, 오트밀 레이즌 쿠키, 버터 쿠키… 비록 나는 제일 좋아하는 쿠키로 스모어를 만들면 어떤 맛이 나는지 궁금해서 직접 초콜릿 칩 쿠키를 구워 캠핑을 떠났지만, 반드시 수제 쿠키를 준비할 필요는 없다. 바닐라맛 크림을 초콜릿 쿠키 사이에 샌드한 오레오, 짭짤한 소금 결정이 뿌려진 제크, 달콤한 코코넛과 버터 향의 빠다코코넛 등 다양한 맛과 질감의 쿠키를 구입해보자. 목표는 '뭘 좋아할지 몰라서 전부 준비해봤어'다. 제일 좋아하는 쿠키의 변신을 지켜보고, 다들 어떤 쿠키 스모어를 좋아할지 지켜보는 재미가 쏠쏠하다.

좋아하는 쿠키와 마시멜로, 초콜릿을 모두 준비했다면 이제 불멍을 시작할 시간이다. 스모어는 불이 활활 타오르는 활기차고 떠들썩한 식사 초반보다는 배가 어느 정도 불러와서 뒤로 기대앉아 천천히 타오르는 잔불을 바라보는 불멍 타임에 어울리는 간식이다. 마시멜로는 방심하면 순식간에 타버리는 재료이기 때문이다. 실로 당황스러울 정도다.

일단 마시멜로를 길쭉한 꼬챙이에 끼워서 불꽃 가까이에 가져가 보자. 처음에는 아무런 일도 일어나지 않는다. '왜 색깔이 게

속 그대로지?' 고민하며 가만히 들고 있다 보면 순식간에 불꽃이 타오른다. 불에 가장 가까운 부분부터 불꽃이 일면서 새까만 거품처럼 끓어오르는데 그대로 전체가 새까만 숯덩이가 되어버리는 것은 시간 문제다.

한 번 끄트머리에 불이 붙으면 휙휙 휘둘러서 꺼트릴 수 있지만 다시 불꽃에 가까이 다가가면 그 부분부터 쉽게 타기 때문에 전체적으로 먹기 좋게 굽기가 쉽지 않다. 물론 탄 껍질을 쏙 빼내고 속만 먹는 것도 가능하지만, 익은 마시멜로는 끈적하고 뜨거우므로 가능하면 잘 굽는 것이 좋다.

여기에는 요령이 있다. 마시멜로를 불에서 약 5cm 떨어진 곳에 가져가 댄 다음, 아직 전부 하얀색을 띠고 있다 하더라도 한시도 쉬지 않고 살살 돌린다. 인내심을 가지고 고르게 돌리다 보면 어느 순간 갑자기 한쪽이 노릇해지기 시작한다. 이때 윗부분이 훨씬 빠르게 타므로 각도도 살살 조절해야 한다. 잘 구운 마시멜로의 이상적인 모습은 전체적으로 노릇노릇한 색을 띠면서 살짝 부풀어올라 속이 전부 따뜻한 상태다.

마시멜로를 성공적으로 노릇노릇하게 구웠다면 한 손에 좋아하는 쿠키 두 개를 나란히 올리자. 그리고 종류에 따라 어울릴 것 같으면 초콜릿을 한 조각 올린다. 나는 초콜릿 칩 쿠키나 오레오처럼 초콜릿 맛이 들어간 쿠키로 스모어를 만들 때는 따로 초콜릿을 올리지 않지만, 취향에 따라 조합하면 된다. 초콜릿 위에 구운 마시멜로를 꼬챙이째로 얹은 다음, 마시멜로와 초콜릿을 쿠키 사이에 끼운다. 손가락으로 쿠키를 고정시키고 꼬챙이를 살살 돌려 빼낸다. 그러면 쫀득한 마시멜로가 사방에 묻는 일 없이 깔끔하게 스모어 쿠키 샌드를 만들 수 있다. 취향 맞춤형 스모어 완성!

### 스모어의 무한한 가능성

변형 스모어의 맛은 어떨까? 마치 에어프라이어에 시판 과자를 데우면 오븐에서 갓 구운 듯한 맛이 나듯이, 원래 좋아하던 쿠키에 따뜻한 마시멜로 필링이 추가되면 색다른 온도와 질감의 조화가 느껴진다. 짭짤한 크래커를 사용하면 '단짠'의 중독적인 매력이 배가되고, 쫀득한 수제 쿠키는 가장 간단하게 완성되는 샌드위치 쿠키로 변한다. 기본 스모어의 맛 조합을 이해할 수 없는 사람도 원래 아는 맛이 추가되니 비교적 쉽게 받아들일 수 있는 디저트가 된다.

스모어의 변형은 여기서 끝나지 않는다. 땅콩버터나 마멀레이드처럼 달콤한 소스 역할을 하는 필링을 가운데 끼워도 되고 바나나, 딸기처럼 생과일을 함께 넣어 새콤달콤한 맛을 즐길 수도 있다. 견과류와 프레첼, 다양한 초콜릿 종류까지 셀프 스모어 바를 입맛대로 꾸미는 아이디어는 무궁무진하다.

맵고 짜고 얼큰한 찌개, 숯불 향이 배어든 고기와 쌈 채소로 잔뜩 배를 채우고 설거지와 뒷정리마저 귀찮아질 즈음이 바로 셀

프 스모어 바를 꺼내들 타이밍이다. 요리하는 사람 따로, 먹는 사람 따로가 아닌 자유롭고 즐거운 디저트 시간을 즐겨보자. 모두가 마시멜로 꼬챙이를 들고 모닥불에 삿대질하며 웃음꽃을 피우는 시간. 누가 마시멜로를 태웠니, 어느 쿠키가 제일 잘 팔리니 하며 각자 마음대로 완성한 단맛에 푹 빠져보는 것이다.

**TIP: 크루아상 스모어**

함께 캠크닉을 가기로 한 지인이 그로부터 일주일 전, 크루아상으로 스모어를 만드는 릴스 영상을 보내왔다. 마침 걸어서 5분 거리 '코스트코세권'에 살고 있는 내가 이런 말도 안 되게 맛있어 보이는 조합을 포기할 수 없지! 그래서 미니 크루아상과 허쉬 초콜릿, 마시멜로를 가지고 캠크닉을 떠나 직접 실험을 했다.

결과는? 말도 안 되게 맛있었다. 초콜릿칩 쿠키 스모어에 이어서 이제 크루아상 스모어를 최애로 꼽는다. 생각해보면 당연히 맛있는 것이, 팽오쇼콜라 프랑스어로 '초콜릿 빵', 퍼프 페이스트리 반죽에 초콜릿을 넣어 접은 뒤 구운 빵 와 매우 흡사한 맛이 난다. 마시멜로를 빼면 그 재료가 그 재료니까! 역시 스모어도 베이스를 무엇으로 잡느냐에 따라 지금보다 더 좋아하게 될 수 있다는 사실을 새롭게 깨달았다. 계속해서 새로운 레시피에 도전해봐야겠다.

# 오렌지 브라우니

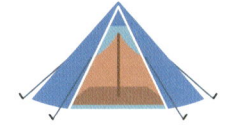

꺼진 불도 다시 보자
숯불과 오렌지의 맛있는 조합

미국의 저명한 음식 작가이자 에세이스트 M. F. K. 피셔는 미국 대공황 시기에 힘든 경제 상황 속에서 한정된 자원으로 양질의 식생활을 꾸려 나가기 위해 노력했다. 당시의 고민과 부족함에서 탄생한 창의적인 발상을 담아낸 에세이가 《늑대를 요리하는 법》이다.

이 책에서 가장 기억에 남는 내용은 연료 소모를 줄이기 위해 노력하는 것이다. 파스타를 삶을 때면 이왕 물을 끓인 김에 두끼 분량을 삶아두고, 오븐을 한 번 켜면 반드시 그 안을 가득 채운다. 무엇이든 오븐에서 익히면 고기 옆에 감자를 깔아서 곁들이고, 정 없으면 사과라도 같이 구워서 디저트로 먹는다는 식이다. 가스불이 켜져 있는 동안 그 에너지를 최대한 활용하겠다는 자세다.

  가져온 물건, 구할 수 있는 물자만으로 밥을 하는 캠핑에서는 어떤 알뜰함을 보여줄 수 있을까? 캠핑의 알뜰함은 주방의 형태에 따라 방향성이 달라진다. 부탄가스나 이소가스만으로 요리를 한다면 조리를 최소화하는 것이 효율적일 것이다. 켜는 순간 열이 발생하고 끄는 순간 사라지는 것이 가정에 있는 스토브와 정확히 동일하다. 여기서 곰탕이라도 끓이려고 하면 어느 순간 불꽃이 사라져서 부탄가스를 갈아줘야 할 것이다. 그러니 파스타와 브로콜리를 같이 삶는 것 정도가 최선일지도 모른다.

  하지만 장작불이 되면 이야기가 달라진다. 불멍이나 할까 싶어 일단 장작불을 켜놓으면 가만히 바라보는 사람들의 마음이 바빠진다. 누가 뭐래도 '먹고잽이'의 민족. 놀고 있는 불을 그냥 놔두질 못하는 것이다. 장작과 숯은 일단 불을 붙이고 나면 우리의 의도와 상관없이 사라지고 싶을 때까지 재가 되어서도 조용히 숨은 열기를 뿜어낸다. 아예 하룻밤 묵은 다음날 치우는 것이 안전할 정도다. 그야말로 '꺼진 불도 다시 보자'다.

  이때 가장 흔하게 등장하는 것이 구황작물이다. 잘 씻은 고구마를 알루미늄 포일에 둘둘 싸서 잉걸불<sub>불이 이글이글하게 핀 숯덩이</sub>에 집어넣고, 타지 않고 무사히 잘 익은 감자를 꺼내 후후 불어 먹는다. 하지만 캠핑이 반복되면 무던한 고구마의 맛에도 질리기 마련이다. 그렇다고 저 아까운 남는 불을 그냥 두고 볼 수 있을까? 나는 생각한다. 지금이 바로 디저트 베이킹을 시작할 때라고.

베이킹은 캠핑에서도 다양한 방식으로 시도할 수 있는데, 강한 화력으로 위에서 고기나 채소를 구운 다음 남은 숯불이나 꺼져 가는 장작불을 가장 효율적으로 활용하기에 좋다. 은근하고 끈질기게 타오르는 열기를 가둬서 화덕이나 오븐처럼 사용할 수 있기 때문이다. 군고구마를 오븐에 굽는 것이나 마찬가지다. 중요한 것은 베이킹을 하려면 틀이 필요하다는 것!

어떤 경우에는 시나몬롤 반죽을 마시멜로처럼 꼬챙이에 끼워서 직화로 굽거나, 통조림용 캔에 반죽을 넣고 익혀서 빵을 만들기도 한다. 하지만 꼬챙이에 끼우려면 반죽이 어느 정도 형태를 유지하는 단단한 종류여야 하고, 베이킹만을 위해서 예정에 없던 통조림을 따는 것은 알뜰함이라는 모토에 반한다. 그렇지 않아도 넘치는 캠핑용 짐에 베이킹용 틀을 추가하는 것도 힘든데 언제든지 쓸 수 있는 틀 대용 재료가 없을까? 열도 어느 정도 버틸 수 있고 예쁘면서 향기롭기까지 하다면? 그게 바로 오렌지다.

오렌지의 향은 껍질을 벗길 때 터져나오는 에센셜 오일에 많이 함유되어 있기 때문에 과육을 파낸 다음 안에 브라우니 반죽을 담아서 익히면 가볍게 쪄지면서 그 향이 속에 살짝 배어든다. 이왕이면 브라우니 반죽에 오렌지즙과 제스트도 살짝 넣고, 쿠앵트로 오렌지의 껍질과 꽃으로 맛과 향기를 더한 리큐어까지 넣는다면 더할 나위가 없을 것이다. 하지만 캠핑 짐을 최소한으로 줄이려면 이 책에서 소개하는 레시피가 적당하다.

남은 불에 익혔으니 타이밍도 완벽하다. 배부른 식사가 끝난 후 살짝 단 것이 당길 즈음이 되면 오렌지 뚜껑을 열어보는 것이다. 따끈한 오렌지 브라우니에 아이스크림을 올리거나, 마시멜로를 올리고 토치로 살짝 지져서 토핑을 만드는 것도 좋다. 순가락으로 말랑해진 오렌지 껍질 속을 박박 긁다 보면 어린 시절 먹었던 귤 모양 용기에 담긴 셔벗처럼 어딘가 장난스러운 추억으로 마음에 새겨지게 될 것이다.

> 레시피

# 오렌지 브라우니

**재료**   오렌지 4개, 베이킹용 초콜릿 60g, 버터 60g, 우유 5큰술, 달걀 2개, 설탕 8큰술, 박력분 6큰술, 무가당 코코아 파우더 3큰술, 베이킹 파우더 ½작은술, 소금 약간

## 만드는 법

1. 오렌지는 껍질을 잘 씻어서 윗부분을 ¼ 정도 잘라낸 다음 과육을 조심스럽게 제거해 그릇 모양으로 만든다.
2. 잘게 썬 초콜릿과 버터, 우유를 그릇에 넣고 중탕하거나 전자레인지에 30초씩 돌려 완전히 녹인다.
3. 한 김 식힌 후 달걀을 하나씩 넣으면서 재빠르게 잘 섞는다.
4. 나머지 재료를 전부 넣고 잘 섞는다. (베이킹 파우더는 생략해도 좋다.)
5. 오렌지에 반죽을 적당히 채우고 위쪽 오렌지를 덮어서 알루미늄 포일에 이중으로 싼다.
6. 정점이 지난 숯불에 올리고 상태를 보면서 15~20분 정도 익힌다. 너무 익거나 타는 것보다는 덜 익어서 부드러운 것이 좋다.

꽃게 된장 라면

톰얌 라면

차슈 라멘

칵테일

아이스크림소다

다코야키 팬 만두

새우 팟타이

닭갈비 볶음밥

바나나 로띠

초당 옥수수

전과 막걸리

수박 페타 샐러드

PART 2

# 여름

# 꽃게 된장 라면

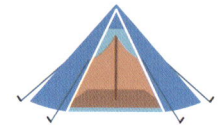

한 걸음만 나아가면 그곳이 수평선
해변에 아지트를 세우다

소설《어린 왕자》에서 주인공이 살던 별은 작고 작아, 의자를 몇 발짝만 뒤로 옮기면 노을을 볼 수 있다. 아무리 바다 가까이에 살아도, 집에서 보이는 수평선과 빌딩 사이 한 뼘 거리인 해운대 출신에게도 바닷가 캠핑장은 매력적이다. 릴랙스 체어에 가만히 앉아 귀를 기울이면 파도 소리가 들리고, 부지런을 떨어 해변 바로 옆 사이트를 사수하면 그야말로 한 발짝 앞에 수평선이 보인다.

무엇보다 입수 후에 캠핑카까지 돌아오는 거리가 짧다. 체력이 뚝 떨어지기 직전까지 놀다가 몇 미터 남짓 걸어오면 캠핑카 옆 수전(텐트라면 캠핑장 내 샤워시설)에서 모래를 홀홀 털고 말끔하게 씻은 뒤 바닷바람에 물기를 말릴 수 있다! 마치 바다 바로 옆에 우리를 위한 아지트를 차린 것이나 마찬가지다. 물놀이의 신나는 여운이 미처 사라지기 전에 뒤처리를 끝내버리는 것이 우리의 '귀차니즘'을 극복하는 요령이었다.

게다가 우리에게 낯선 바다였던 것도 도파민을 극대화하는 데 한몫 했다. 우리나라는 삼면이 바다와 맞닿아있고, 각 해역은 정말로 특징이 다르다. 남해만 보던 해운대 출신에게 동해의 경포대는 생각보다 가까운 곳에서 수면의 컬러감이 두드러지게 짙어지는 바다다. 교과서에서나 보던 급격하게 깊어지는 수심이 한눈에 들어오며 가벼운 긴장감을 동반하게 한다. 동해와 남해에 모두 익숙해진 가족에게 서해는 그야말로 하루 종일 바라봐도 질리지 않는 바다다.

우리가 선택한 곳은 방파제를 중심으로 동그랗게 둘러싼 충남 태안 어은돌 해수욕장에 바로 인접한 어은돌 송림 캠핑장. 텐트도 카라반도 있지만 무엇보다 캠핑카도 해변 바로 옆 사이트를 이용할 수 있어 선택했다. 퇴근 후 고속도로를 달리다 밤중에 도착해 아침 일찍 구경한 캠핑장 앞 바다는 분명 물이 찰랑찰랑 차 있어서 위험해 보였는데, 낮이 되자 저 멀리 방파제 너머까지 물이 빠지고 걸어가는 내내 집게발과 조개 구멍이 발바닥을 간지럽혔다.

햇볕에 노곤해지고 맥주 한 잔에 파도를 감상하고 싶은 저녁 나절이 되자 다시 물이 차오르며 해변을 가득 메운다. 조개잡이를 떠난 옆 사이트 가족, 노을이 물든 수평선을 배경으로 단체 사진을 부탁하는 대학생 무리. 모두 저마다의 방식으로 바다를 즐기며 추억을 만든다. 평생 바다를 옆에 두고 살 때는 나가기 귀찮더니, 해변 옆에 캠핑 아지트를 차리니 하루에 세 번도 나가고 싶군. 바닷가 출신마저도 푹 빠지게 한 바닷가 캠핑의 매력이라니.

　바다를 바라보며 가장 간단하게 바다를 맛보고 싶은 바닷가 캠핑에서 제일 선택하기 좋은 메뉴는 꽃게 라면이다. 집에서는 뒤처리가 귀찮아서 잘 먹지 않게 되는 식재료도 기꺼이 요리하게 되는 것이 캠핑. 쓰레기 봉지를 뚫고 온 집안에 비린내를 풍기는 해산물이 주로 여기에 해당된다. 개방감이 탁월한 캠핑에서는 신선하게 가져가는 것만 해결하면 걱정할 것이 없다. 새우 라면도 문어 라면도 꽃게 라면도 마음 편하게 끓여보자.

　라면을 끓이는 데에는 냄비도, 우묵한 그리들도 모두 사용할 수 있지만 그리들은 아무리 우묵해도 부재료가 많으면 면이 푹 잠기지 않고 국물이 쉽게 졸아든다. 하지만 널찍한 그리들에 푸짐하게 라면을 끓여서 나누어 먹는 것도 캠핑의 로망. 특히 꽃게

라면을 그리들에 끓이고 싶다면 먼저 국물을 낸 다음 꽃게를 잠시 꺼냈다가 면을 익힌 후 다시 꽃게를 넣는 식으로 해결할 수 있다. 라면 개수가 많아지면 물의 양을 맞추기 힘든 사람이라도 걱정하지 말자. 스프를 푼 다음 간을 보면 해결된다. 짜면 물을 넣고, 싱거우면 꽃게 라면인만큼 된장을 푸는 것이다.

우선 우묵한 그리들이나 냄비에 물을 끓이고 라면 스프는 70%만 넣은 다음 된장을 푼다. 나박나박 썬 무와 대파를 넣어 꽃게탕 느낌을 살리면 더 좋다. 끓으면 손질해서 4등분한 꽃게를 넣고 무와 꽃게가 거의 익을 때까지 끓인다. 공간이 부족하면 꽃게를 잠시 덜어낸 다음 라면을 넣고 익히면 완성! 다시 꽃게를 얹어 바닷가 물놀이의 여운에 아직 젖어있는 모두와 함께 나누어 먹는다. 고향집 가족에게도 들려주고 싶은 바닷가 캠핑의 한 순간이다.

## 레시피

# 꽃게 된장 라면

**재료**  꽃게 2마리, 라면 3봉, 된장 1큰술, 무 2조각(두께 3cm), 대파 흰 부분 1대 분량, 물 1L

### 만드는 법

1. 꽃게는 깨끗하게 손질해서 몸통을 가위로 4등분한다. 무는 껍질을 제거한 뒤 나박 썰고 대파는 송송 썬다.
2. 우묵 그리들에 물을 1L 이상, 들어가는 만큼 붓는다. 끓기 시작하면 무와 대파를 넣고 된장을 푼다. 라면 스프 2개와 건더기 스프를 넣고 한소끔 끓인다.
3. 손질한 꽃게를 넣고 5분간 끓인다.
4. 공간이 부족하면 꽃게를 건져내고 필요하면 물을 조금 보충한 다음 팔팔 끓으면 라면을 넣고 끓인다.
5. 라면이 익으면 다시 꽃게를 넣고 식탁에 차린다.

# 톰얌 라면

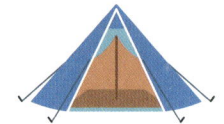

캠핑장에서 먹으면 가장 맛있는 라면,
더 색다르게 즐기는 법

날씨가 더워질수록 생각나는 태국 요리. 그중에서도 매콤새콤한 국물이 중독적인 톰얌쿵은 항상 돌아서면 생각나곤 하는 음식이다. 일본에서 톰얌쿵 컵라면이 나왔을 때는 홀린 듯이 몇 개씩 사먹고 해외 직구로 주문하곤 했을 정도다.

톰얌쿵도 사실 몇몇 향신료만 갖춰두면 아무 때나 손쉽게 만들 수 있는 음식이다. 그런데 라면과 함께라면? 육수를 낼 필요가 없으니 이보다 더 쉬울 수 없고, 토핑도 푸짐한데 면까지 들어가니 한끼 식사로 더할 나위 없는 메뉴가 된다.

그래서 완성한 것이 딱 1인분 라면을 끓이기 좋은 사각 반합을 이용해서 만드는 톰얌 라면 레시피! 레시피를 만든다는 핑계로 혼자 점심을 여러 번 라면으로 때웠다. 그럴수록 '아, 요것만 넣으면 일단 똠얌 맛이 나는구나, 요거는 빼도 되겠구나, 요거는 요거로 대체할 수 있구나' 하는 확신이 점점 찾아왔다. 아니 정말, 생각보다 필요한 게 별것 없었다. 똠얌 페이스트도 없어도 된다. 똠얌쿵을 좋아한다? 신맛이 취향이다? 라면을 좋아한다? 그럼 꼭 한 번 만들어보자.

### 꼭 있어야 하는 재료

#### 레몬그라스

똠얌을 좋아한다면 구입해서 냉동해놨다가 하나씩 꺼내서 쓰자. 그냥 레몬이나 말린 것으로는 대체하기 힘든 향기롭고 신선한 꽃 향기가 레몬 향과 조화를 이루는데, 극단적으로 말하자면 이것만 넣고 간을 맞춰도 똠얌쿵으로 느껴진다.

#### 라임

레몬 안 돼요, 식초 안 돼요. 라임은 신맛을 더해주는 중요한 역할을 하는데, 특유의 스파이시하게 찌르는 향이 있다. 다른 감귤류로 대체하기 참 힘들다. 요즘엔 구하기 쉬운 편이고 무엇보다 예쁘다. 시판 라임즙이라도 괜찮다.

### 설탕

백설탕 됩니다, 황설탕 됩니다, 꿀은 비추천. 물엿도 비추천. 가루 설탕으로 넣어주는 게 좋다.

## 대체 가능한 재료

### 피시 소스

쿰쿰한 맛을 담당하는데, 멸치 액젓을 넣어도 된다. (실제로 급하면 대체하고 있다) 하지만 빼지는 말자.

### 갈랑갈 생강과 비슷한 생김새로, 비린 맛이나 누린 맛을 잡아준다

직접 손질해보면 생강에 꽃과 향신료 풍미가 첨가된 독특한 매력적인 향이 막 올라와서 아, 이걸 넣어야 맛이 제대로 나겠구만 싶은데, 생으로 구하기 쉽지 않고 생각보다 빨리 상한다. 그러니까 없으면 생강을 조금 넣자. 빼도 되기는 하는데…. 나는 생강을 좋아해서 대체해서라도 조금은 넣는 편이다.

### 말린 고추

매운 맛이 나기만 하면 상관없다고 생각하는 편이다. 다른 말린 고추를 쓰거나 크러시드 레드 페퍼 혹은 고춧가루를 뿌리자. 정도는 본인의 맵기 역치 레벨에 따라 조절하자.

### 생략 가능한 재료

**카피르 라임 잎**라임의 일종으로 잎의 향이 좋아 태국 요리에 많이 쓰인다

꽃과 향신료 풍미가 더해져서 좋다. 말린 걸로 유통이 가능해서 구해놔도 상관은 없는데, 팍팍 줄지 않아서 향이 날아가기 전에 다 쓰기 힘들지 않을까 고민이 되는 편이다. 소신껏 선택하도록 하자. 없어도 된다. 라임을 넣으면 되니까.

### 부가 재료

나는 톰얌쿵'(쿵이 새우라는 뜻)에 충실하기 위해 냉동 칵테일 새우를 넣고, 그냥 식감이 좋아서 느타리버섯을 넣는다. 본인이 좋아하는 톰얌쿵 재료가 있다면 무엇이든 팍팍 넣자.

레시피

# 톰얌 라면

**재료(1인분)**  진라면 순한맛 1봉, 물 550ml(라면 봉지 기준에 따라), 카피르 라임 잎 1장, 말린 고추 1개(태국 고추 등 작으면 2개), 레몬그라스 1대, 느타리버섯 1줌, 냉동 칵테일 새우 3개, 피시소스 1큰술, 설탕 1큰술, 라임 ½개(취향에 따라 조절)

## 만드는 법

1. 갈랑갈은 껍질을 제거하고 송송 썬다. 레몬그라스는 뿌리와 마른 줄기 부분을 적당히 잘라내고 두꺼운 부분을 탕탕 두드려 살짝 으깬 다음 5cm 길이로 썬다. 느타리버섯은 끄트머리만 잘라낸다. 라임은 꾹꾹 눌러서 반으로 썬다.
2. 사각 반합에 라면 봉지에 쓰인 정량대로 물을 넣는다. 라면 스프와 건더기 스프를 넣는다(라면 스프는 80%만 넣어도 된다). 카피르 라임 잎과 말린 고추, 손질한 레몬그라스와 갈랑갈을 넣는다.
3. 물이 끓으면 반으로 나눈 라면 면과 버섯, 새우를 넣는다.
4. 면이 반쯤 익으면 라임즙을 전부 짜서 넣고 피시 소스와 설탕을 넣는다.
5. 익으면 완성.

## TIP

갈랑갈, 레몬그라스, 말린 고추, 카피르 라임 잎은 먹지 않는다. 빼고 내면 깔끔한데 어른들끼리만 있으면 알아서 빼고 먹어도 된다. 어차피 딱딱해서 먹다 보면 아, 이건 씹으라고 있는 것이 아니구나, 알게 된다.

# 차슈 라멘

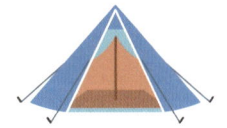

캠핑장에서 즐기는 수제 차슈,
차슈 국물로 만드는 맛달걀

'정구지'에 새우젓을 듬뿍 넣은 돼지국밥을 사랑하는 해운대 출신 부산러로서 돈코츠 라멘도 매우 좋아한다. 일본에서 컵라면을 살 때도 주로 돈코츠 계열을 골라서 사곤 한다. 후쿠오카 여행을 떠나면 후쿠오카에 본점이 있는 '이치란'의 봉지 라멘을 사온다. 독서실 같은 1인석에 점원과 눈을 마주칠 필요도 없이 양념을 취향대로 커스텀한 돈코츠 라멘을 먹을 수 있는 바로 그곳이다.

이왕 돈코츠 라멘을 사온 김에 차슈까지 제대로 얹은 라멘을 먹고 싶을 때가 있다. 짭짤 달콤한 양념에 살짝 졸여서 지방이 버터처럼 녹아내리는 차슈와 차슈 국물에 살짝 절인 반숙 달걀을 올린 일본 라멘을. 그래서 전날 밤에 도착해 토요일을 캠핑장에서 시작한 어느 날, 아침을 먹고 정리한 후 차슈를 만들기 시작했다.

차슈는 일단 부드럽게 수육을 만든 다음, 그 국물을 일부 덜어서 양념을 하고 다시 삶으면 완성된다. 돌돌 말고 묶고 자시고 하기는 귀찮아서 그냥 수육용 삼겹살 덩어리를 사용한다. 삼겹살에 대파랑 물만 넣고 속까지 완전히 익을 때까지 약한 불에 내버려두자.

대파를 제거하고 물을 삼겹살이 잠길 만큼만 남기고 따라낸 다음 통마늘과 편으로 썬 생강을 두세 개씩 넣고 간장과 맛술, 설탕을 한 국자씩 넣는다. 높이에 따라 물을 보충한 다음 유산지로 뚜껑을 만들어서 1시간 정도 더 뭉근하게 익도록 내버려둔다. 식힌 다음 저미면 끝인데, 저미고 나서 살짝 굽거나 토치질을 해주면 불향이 살아난다. 이때 아무데나 놓고 불질을 하면 위험하니까 꼭 직화가 가능한 불판이나 철망에 올려서 토치로 그슬리도록 하자. 남은 차슈는 차슈 덮밥이나 버거 패티로 활용할 수 있다.

차슈 국물은 기름을 제거하고 졸여서 소스로 쓰기도 하는데, 데리야끼 버거 소스처럼 쓴다고 생각하면 된다. 생강도 고수도 잘 어울리는 만능 아이템. 버리기엔 너무 아깝다. 차슈 덮밥 소스로도 쓰는데, 나는 라멘용 맛달걀을 재우는 용도로 쓴다. 라멘용 맛달걀은 반숙으로 삶은 다음 껍질을 벗기고 차슈를 삶은 국물에 15~30분 정도 재우면 된다. 참고로 오래 재울수록 짜다. 많이.

일본 라멘을 끓여서 그릇에 담고 송송 썬 파와 차슈, 맛달걀을 얹으면 끝! 엄청 복잡해 보이지만 사실 불에 올리고 내버려두고, 혹은 담가두는 일의 반복이라 재료 손질 후에는 별로 할 일이 없다. 오후 내내 잠깐 잠깐 들여다보면서 느긋하게 쉬다가 저녁에 제대로 된 라멘을 먹을 수 있는 효율 좋은 메뉴다.

### 레시피

# 차슈 라멘

**재료**  수육용 삼겹살 600g, 대파 2대, 마늘 5쪽, 생강 슬라이스 2개, 달걀, 실파, 일본 봉지라면

**차슈 양념 재료**  정종 1국자, 간장 1국자, 맛술 1국자, 설탕 1국자

**만드는 법**

1. 냄비에 삼겹살과 대파 파란 부분과 흰 부분 1대 분량, 마늘 2쪽을 넣고 물을 잠기도록 부은 다음 30분간 뭉근하게 삶는다.
2. 익은 대파를 건져내고 국물은 돼지고기가 ⅔ 정도 잠기도록 떠낸다.
3. 차슈 양념 재료를 넣고 껍질을 벗겨 저민 생강 2장과 마늘 3쪽을 넣는다. 종이 뚜껑을 만들어 얹고 30분간 뭉근하게 조린다.
4. 달걀은 반숙으로 삶은 다음 껍질을 벗기고 완성된 차슈 국물을 부어서 30분간 절인다.
5. 차슈는 꺼내서 완전히 식힌 다음 적당한 두께로 썬다. 토치로 가볍게 태워 불향을 낸다.
6. 일본 봉지 라면을 끓여서 그릇에 담는다. 차슈와 반으로 썬 맛달걀, 송송 썬 실파를 얹어서 낸다.

# 칵테일

의외의 얼음 맛집,
캠핑장에서 칵테일 한 잔

촤르르르르. 여름날에 캠핑을 떠나면 이 소리가 들리기 전까지 마음을 놓을 수가 없다. 바로 물을 시원하고 안전하게 보관하는 워터저그에 막 사온 얼음을 붓는 소리다. 투명하고 단단하고 차가운 얼음 덩어리가 시원한 냉기를 뿜어내며 저그로 와장창 떨어지는 소리가 얼마나 청량하고 반가운지. 마시기도 전에 더위가 가시는 기분이 드는 소리다.

캠핑장 매점에 의외로 거의 항상 있는 것이 바로 얼음이다. 아이스크림은 없어도 얼음 냉동고는 어디나 하나쯤 있다. 여름이면 캠핑장에 도착해서 착착 세팅을 하는 중에 누군가가 달려가서 일단 이 얼음부터 3kg짜리로 하나 사와야 한다. 워터저그를 열어서 얼음을 붓고 물을 가득 채우면 땡볕 아래 텐트를 치고 의자며

테이블을 설치하는 중에 틈틈이 냉수를 마시며 더위를 이겨내고 탈수를 물리치는 것이다.

물자가 한정적인 캠핑장에서, 이렇게 더운 날씨에 유일하게 흥청망청 쓸 수 있는 것이 얼음이라는 점은 기분을 묘하게 만든다. 얼음을 얼리고 기다리는 시간과 수고를 시판 돌얼음으로 대체해버리면 마음도 풍족해진다. 게다가 잘 녹지도 않는다! 바로 이 점이 술은 잘 못 마셔도 맛있는 술 한 잔은 좋아하는 사람에게 새로운 취미를 선사해준다. 캠핑 칵테일이다.

살짝 선선해진 바람이 에어컨 바람보다 안도감을 주는 여름날 저녁이면 차가운 칵테일 한 잔이 여유를 더욱 즐기게 만들어준다는 사실을 알게 된 것은 배우자가 칵테일 학교를 다녀온 다음이었다. 원래 평소 하던 요리도 더 신나게 만들게 되고, 집에서 하던 취미도 더 재미있게 느끼게 해주는 것이 캠핑의 특징이다. 캠핑장에서는 튼튼하고 예쁜 얼음을 얼마든지 구할 수 있다는 걸 알게 된 이후로 우리의 캠핑 짐에는 칵테일 용품이 추가되었다. 힘들게 도구까지 싸들고 다닐 필요가 있을까 싶지만 원래 쓸데없는 일을 만들어서 하는 것이 캠핑의 본질이니까.

캠핑에서 만드는 칵테일은 복잡할 필요가 없다. 와인도 머그잔에 따라서 마시는 판에 온더락 글라스며 하이볼 글라스도 캠핑용 머그잔으로 대신하면 충분하다. 럼처럼 즐겨 사용하기 좋은 술과 토닉 워터 등을 챙기고, 저렴한 칵테일 셰이커는 하나 정도 캠핑용으로 마련하는 것이 좋다. 스트레이너는 셰이커에 수반되는 경우가 있으니 더 필요한 것은 머들러 정도? 하지만 이것도 긴 수저로 대체할 수 있을 것이다.

하이볼 정도라면 언제든지 간편하게 만들 수 있지만, 셰이커와 캠핑장에 가져온 제철 과일로 언제든지 신선하고 색다르게 만들 수 있는 칵테일 레시피가 있다. 만들기 전에 가장 먼저 해야 할 일은 칵테일을 마실 잔에 얼음을 잔뜩 넣어서 시원하게 식히는 것이다. 차가운 칵테일을 즐기기 위해 중요한 것은 온도!

잔을 식혔다면 아무 그릇에나 남은 과일을 넣고 으깬다. 질긴 껍질이나 씨앗은 제거하고, 분량은 딸기를 기준으로 한 잔당 1.5개가 적당하지만 입맛에 따라 가감하면 된다. 그리고 셰이커에 얼음과 과일, 과일에 어울리는 시럽 약 7ml, 설탕 2작은술, 럼 약 30ml를 넣는다. 시럽이 없다면 설탕량을 입맛에 따라 늘리고, 럼도 주량에 따라 가감할 수 있다. 나는 약 15~22ml 사이를 넣는 편이다.

가볍게 셰이킹을 하고, 잔에 담은 얼음은 녹아서 고인 물만 따라낸 다음 셰이커의 내용물을 걸러서 붓는다. 이때 남은 으깬 과

일 건더기는 건져서 넣어도 상관없다. 씹히면서 과일의 향을 선사하기 때문이다. 어울리는 조합은 산딸기와 딸기 시럽, 석류와 석류 맛이 나는 그레나딘 시럽, 체리와 라즈베리 맛이 나는 프랑보와즈 시럽 등이다. 수박과 오렌지 향이 나는 트리플 섹도 어울리고, 리큐어도 럼 대신 보드카, 데킬라 등을 시험해보아도 좋다. 얼음이 풍족한 여름의 캠핑장에서 무르익은 제철 과일의 매력을 한껏 즐길 수 있는 순간이다.

# 아이스크림소다

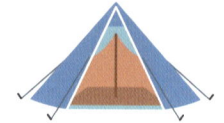

기분 따라 골라 마시는
여름을 부르는 아이스크림소다

진심으로 이유가 궁금한데, 캠핑장에만 가면 아이스크림이 그렇게 먹고 싶다. 집에서 먹을 때보다 그렇게 맛있다. 캠핑장에 도착해서 테이블이며 의자를 세팅하고 자리에 앉고 나면, 배부르게 밥을 먹고 깔끔하게 설거지를 마친 접시를 건조망에 넣어 두고 나면, 달콤하고 차가운 무언가가 생각난다. 어린 시절의 추억을 따라 월드콘과 수박바와 더위사냥을 먹으며 '몸을 좀 움직였으니까 먹어도 괜찮을 거야' 생각한다. (저처럼 캠핑장에서만 아이스크림을 먹는 분이 있다면 연락주세요. 대체 왜 그런지 한번 같이 파고들어봅시다.)

만일 우리처럼 캠핑장의 아이스크림을 사랑하고 근처에 금방 사올 수 있는 마트가 있다면, 한여름에 꼭 반드시 아이스크림소다를 만들어보자. 소다 플로트$^{float}$라고도 불리는데, 탄산음료나 시럽을 탄 탄산수에 아이스크림을 올려 만드는 음료다.

더운 여름날에 야외에서 음료를 마시다 보면 온도가 빨리 올라가니까 이왕이면 조금 더 오랫동안 시원하고 맛있게, 달콤하게 마실 수 있는 방법이라고 할 수도 있다. 하지만 그냥 솔직히 아이스크림을 넣으면 거의 모든 음료가 더 맛있어진다.

카페에서 흔히 볼 수 있는 커피인지 아이스크림인지 알 수 없는 아포가토, 대놓고 얼음보다 아이스크림을 더 많이 넣어주는 아이스크림 라테를 생각해보자. 단단하게 굳은 하드형 아이스크림이나 냉동실에서 막 꺼낸 순수한 아이스크림과는 또 다른 매력이 있다. 음료를 만나서 사르르 녹으며 바닐라향 단맛을 선사하지만 또 그 형태를 바로 잃지는 않아서 살짝 떠먹으면 입안에서 금방 사라지는 아이스크림소다. 더위를 핑계 삼아 여름 내내 마시고 싶은 음료다. 만드는 법도 간단해서 그날의 기분 따라 골라 마실 수 있는 아이스크림소다를 소개한다.

### 멜론 소다

멜론 소다의 매력은 특유의 비현실적인 초록색 컬러다. 그리고 빠뜨릴 수 없는 것이 위에 동그마니 올라간 아이스크림 한 스쿱

과 새하얀 아이스크림만큼이나 초록색 음료와 강렬한 대비를 보이는 새빨간 칵테일 체리다.

만약에 단맛을 조절해가면서 직접 멜론 소다를 타서 마시고 싶다면 '오뚜기 멜론 시럽'을 추천한다. 잔에 얼음을 잔뜩 붓고 멜론 시럽을 눈대중으로 2큰술 정도 붓는다. 탄산수를 콸콸 채운 다음 숟가락으로 휘저어 섞는다. 가라앉은 멜론 시럽의 색도 예쁘기는 하지만 어쨌든 골고루 섞어야 멜론 소다가 되니까. 그리

고 하겐다즈 바닐라 아이스크림을 한 스쿱 떠서 올리고 칵테일 체리를 얹는다. 오로지 이것을 만들기 위해 구입한 칵테일 체리다! 오랜만에 먹으니까 맛있군.

이것을 우리 집 멜론 소다 마니아가 시음한 후 공식적으로 확인했다. 일본에서 마신 멜론 소다랑 맛이 똑같다고. 오뚜기 만세. 오, 혹시 미도리 사워에 얹으면 어른의 멜론 소다가 될까? 집에 미도리는 없는데. 한번 시도해보고 싶은 아이디어다.

## 콜라 플로트

탄산음료 브랜드 펩시는 배우 겸 가수인 린제이 로한이 등장하는 광고에서 콜라와 우유를 섞어 마시는 레시피를 소개한 적이 있다. 펩시Pepsi와 우유milk를 합한 '필크pilk'라는 이름이었는데, 틱톡 등 SNS에서 분명 괴식일 거라고 생각하고 도전했다가 '의외로 마실 만한데?'라는 반응을 보이는 영상이 올라오곤 했다.

콜라에 우유를 붓는 것도, 아이스크림을 얹는 것도 넓은 범위에서 더티 소다dirty soda에 들어간다. 더티 소다는 탄산 음료에 무언가를 섞어서 마시는 것을 가리키는 말이다. 사실 아이스크림소다와 같은 군에 들어가고 비슷한 유제품을 사용하는 만큼 '필크도 마실만 하지 않을까?'라는 생각이 들기 시작했다. 왜냐면 콜라 플로트가 맛있었으니까.

휘핑 크림을 넣은 음료는 느끼해서 잘 마시지 못하는 편인데, 바닐라 아이스크림이 녹아든 아이스 콜라는 부드럽게 감기는 벨벳 같은 촉감이 있다. 충분히 달콤하고, 유제품 향기가 콜라를 방해하는 일도 없다. 우유도 아마 어울리지 않을까…? 생각해본다. 아무튼, 아이스 콜라에 아이스크림을 얹은 콜라 플로트는 소개하는 세 가지 음료 중에서 제일 재료를 구하기 쉽고 맛도 단순

해서 아이스크림소다를 처음 경험하기에 딱 좋다. 잔에 얼음을 넣고 콜라를 붓고, 아이스크림을 얹으면 끝. 살짝 휘저어서 아이스크림이 콜라 표면에 약간 녹아들게 만든 다음 마셔보자.

### 칼루아 바닐라 밀크

드디어 나왔다. 어른의 '아바라아이스 바닐라 라테', 어른의 커피우유. 딱 두 가지 재료만 있으면 되는 칼루아 밀크에 바닐라 아이스크림만 얹으면 되는 음료다. 칼루아는 티라미수를 만들 때 반드시 사용하기 때문에 작은 병이라도 항상 갖추고 있는 커피 향 리큐어다. 흔히 여기에 우유를 타서 칼루아 밀크라는 커피우유 맛의 초심자용 칵테일을 만들 수 있다.

나는 여기에 아이스크림을 얹어보고서야 그간 칼루아 밀크에 항상 부족하다고 생각했던 것이 무엇인지 깨달았다. 단맛이었다. 홍차와 밀크티를 만드는 법에 대한 클래스를 들었을 때, 콩을 볶아서 가루내어 만드는 커피와 달리 찻잎으로 우리는 홍차에는 기름기가 부족해서 그냥 밀크티를 만들면 맛이 약간 겉돌기 때문에 설탕을 약간 섞어야 맛이 어우러진다는 설명을 들었다. 그때 나는 생각했다. 설탕 넣은 달콤한 밀크티를 마실 핑계가 생겨서 기쁘다고. 나는 왜 이렇게 단맛에 약할까…. 칼루아 밀크도 만들

거면 라테보다 바닐라 라테 맛이 취향이었던 것이다.

아이스크림과 우유가 칼루아와 함께 섞이면서 자연스럽게 아이스 바닐라 라테의 맛이 난다. 동시에 약간의 알코올 향이 마음을 자유롭게 한달까. 아, 나는 지금 어른의 커피우유를 마시고 있구나. 한여름의 수영장에서 나와 싹 씻은 다음에 나른하게 마시기에 아주 딱이로군. 여유롭게 호록, 호로록 마시고 싶지만 어쩐지 벌컥벌컥 들이켜게 되는 오후다.

우리 집의 칵테일 담당자 대신 내가 주체적으로 만드는 유일한 칵테일인 칼루아 바닐라 밀크를 만들려면 우선 잔에 얼음을 넣고 칼루아를 붓는다. 이 칼루아의 양을 마음대로 조절하면 커피우유(?)의 농도와 도수를 취향대로 맞출 수 있다. 그리고 잔의 나머지 공간에 우유를 부은 다음 하겐다즈 바닐라 아이스크림을 한 스쿱 크게 퍼서 얹는다. 두세 바퀴 저어서 살짝 녹아들게 만든 다음 호록, 호로록, 하고 마신다. 진짜 맛있다. 칼루아가 캠핑의 필수품이 되는 순간이다.

# 다코야키 팬 만두

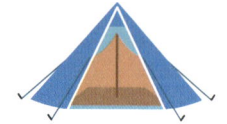

음식으로 장난치면서 만드는
다코야키 캠핑팬 요리

캠핑용 주방 도구를 어떻게 구성해야 할지 고민하다 보면 위시 리스트가 크게 두 범주로 나뉜다. 하나는 기본 버너와 냄비 같은 필수 아이템, 그리고 다른 하나는 '없어도 되지만 갖고 싶어'템이다. 동글동글한 구멍이 파여있는 다코야키 팬이 어디에 속하느냐고 묻는다면? 당연히 후자다. 이를 구분하는 기준에는 여러 가지가 있지만 나는 '오직 한 가지 음식에만 최적화되어 있을 것'을 꼽는다.

예를 들어 푸드 프로세서를 구입한다면 반죽도 하고 마늘도 다지고 고기도 갈고 휘뚜루마뚜루 사용할 수 있다. 하지만 달걀 모양 트레이가 딱 고정된, 손바닥만 한 달걀찜기를 산다면? 오로지 달걀만 찔 수 있다. 물론 삶은 달걀을 자주 먹어서 찜기가 있으면 아주 딱이다! 하는 사람도 있겠지만 내가 미니 달걀찜기를 산다면 이유는 '없어도 되지만 갖고 싶어'일 것이고, 아마 얼마 지나지 않아 찬장 어딘가에서 자리를 차지하고 있을 것이다.

오랜 시행착오를 거쳐서 이런 단독 아이템은 사지 않는 것이 좋다는 깨달음을 힘들게 얻었고, 또 캠핑은 공간 활용이 중요하기 때문에 되도록이면 활용도가 높은 물건만 사려고 한다. 하지만 구입한 구이바다에 딱 맞는 크기의 다코야키 팬이 있다는 소식에는 굴복할 수밖에 없었다. 그렇다면 방법은 한 가지, 이것을 최대한 활용하는 것이다! 무엇이든 동그랗게 만들어줄 테다!

### 동글동글 캠핑밥

결론부터 말하자면 다코야키 팬은 캠핑에서 꺼내기 정말 좋은 도구다. 의외로 다양한 음식을 동글동글 귀엽게 만들 수 있어 아이들이 집어먹기 좋은 것은 물론이고, 굴려가며 골고루 구울 수 있으니 제대로 '겉바속촉'을 즐길 수 있다. 그리고 생각보다 이 홈의 개수가 많다. 그래서 여럿이 구역을 나누어 맡아서 누가 잘 굽는지 경쟁해보는 것도 재미다! 각자 원하는 재료를 넣고 이것저것을 구워보는 것이다. 아이디어를 활용해서 동글동글한 캠핑밥을 다양하게 만들어보자.

다코야키는 홈에 문어를 넣고 반죽을 부어서 잘 굴려가며 골고루 굽는 음식이다. 그렇다면 당연히 이 팬으로 해물파전도 구울 수 있다. 해물을 볶기 전에 미리 부침가루에 물을 풀어서 묽은 반죽을 만들어두는 것이 좋다. 볶기 시작하면 금방 익으니까. 파나 부추를 너무 길지 않도록 곱게 다져서 묽은 반죽에 섞어두자.

반죽이 준비되면 홈마다 기름을 두르고 잘게 썬 모둠 해물을 나누어 넣은 다음 노릇하게 볶는다. 해물을 먼저 볶는 것은 충분히 익히면서 맛을 더하는 역할을 한다. 해물이 충분히 익으면 묽은 반죽을 부어서 적당히 익을 정도로 기다렸다가 데굴데굴 굴려가면서 공 모양으로 만들어보자. 같은 방식으로 김치, 옥수수 등을 볶은 다음 반죽을 부으면 어떤 전이든 노릇노릇 '겉바속촉'에 귀여운 공 모양으로 구워낼 수 있다.

또한 시판 냉동 볶음밥을 가져가면 와르르 부어서 동글동글 익혀 누룽지로 둘러싼 김치볶음밥 공을 만들 수 있다. 방울토마토처럼 동그란 주먹밥 공을 산처럼 차곡차곡 쌓아서 고기와 함께 내보자. 한 입에 쏙 들어가면서 겉을 둘러싼 누룽지가 바삭바삭하게 부서져 바비큐에 구운 음식과 아주 잘 어우러진다.

디저트가 필요하다면 시판 팬케이크 믹스에 과일을 넣어서 머핀처럼 굽는 것도 방법이다. 아침으로 동글동글하게 팬케이크 공을 구워 잔뜩 담아두면 오며 가며 온 식구가 간식으로 먹기 딱 좋다.

동글동글한 캠핑밥을 성공적으로 겉바속촉으로 만들고 싶다면 기억해야 할 포인트가 있다. 첫 번째, 반죽은 묽게 할 것. 이미 달군 팬에 반죽을 부을 때 너무 되직하면 잘 떨어지지 않아서 모든 홈에 반죽을 다 붓기 전에 앞의 반죽이 익어버리기 쉽고, 속까지 잘 익히기 힘들다. 파전이나 팬케이크처럼 반죽을 부어서 굽는 요리를 할 때는 살살 흐르도록 평소보다 묽게 만들어서 빠르게 휙휙 부을 수 있도록 조절하자.

두 번째, 홈 크기보다 넉넉하게 부을 것. 해물파전이나 김치볶음밥 등의 음식을 구울 때는 홈에 딱 맞는 분량만 부으면 반쪽짜리 공이 되고 만다. 뒤집을 때 안으로 파고들 분량만큼 넉넉히 부어야 동글동글 예쁜 모양의 공을 만들 수 있다. 홈에서 넘쳐흐르더라도 안으로 밀어 넣으면 오히려 크고 둥근 공 모양을 만드는 데 도움이 된다. 다만 팬케이크처럼 베이킹 파우더가 들어간 음식은 부풀어오르기 때문에 딱 맞는 분량만큼 넣는 것이 좋다.

세 번째, 꼬챙이를 이용해서 돌려가며 구울 것. 굳이 다코야키 팬으로 구울 때는 한 입에 쏙 들어오는 바삭하고 촉촉한 대조적인 식감을 살리는 것이 묘미다. 그러려면 한 번만 뒤집는 것이 아니라 90도, 270도로 빙글빙글 돌려가며 전체적으로 노릇노릇 바삭해지게 굽는 것이 좋다. 이럴 때는 되도록 끝부분이 뾰족한 도구를 활용하는 것이 효과적이다. 반죽이 잘 달라붙지 않고, 붙더라도 잘 떨어져서 속도감 있게 모든 공을 빠르게 뒤집을 수 있다. 요컨대 포크보다는 젓가락이, 젓가락보다는 캠핑에서 많이 사용하는 꼬치구이용 꼬챙이가 효과적이다. 아예 이쑤시개를 써도 좋지만 잘못하면 손목 등을 델 수 있으니 길이가 조금 긴 것을 고르도록 한다.

### 다코야키 팬이 사고 싶다면?

고민이 된다면 사자, 두 번 사자. 실제로 나는 두 번 구입했다. 코베아 혹은 지라프의 구이바다 M 제품을 구입했다면 지라프 다코야키 팬 M 사이즈를 사면 딱 맞게 호환된다.

만약에 구이바다가 없다면? 달걀말이 팬처럼 다코야키용으로 나온 전용 팬도 인터넷에서 쉽게 구입할 수 있다. 팁이 있다면 홈이 많은 만큼 되도록 무쇠보다 코팅 제품이 관리하기 쉽다는 것. 둘 다 집에서도 쉽게 사용할 수 있다.

### 동글동글 다코야키 팬 만두

어째서 캠핑까지 가서 만두를 빚었는가 하면 다코야키 팬을 이용하면 예쁘게 반달 모양으로 빚는 재주가 없어도 딤섬처럼 활짝 열린 오픈형 만두를 쉽게 만들 수 있기 때문이다. 그러니까 저거라면 나도 할 수 있겠는데, 싶었다.

다코야키 팬 만두는 일단 만두소만 만들면 정말 간단하다. 만두소 만드는 방법도 정말 간단하다. 기본은 다진 돼지고기이고, 여기에 새우살을 다져서 넣는다. 그리고 다진 마늘과 다진 생강,

송송 썬 부추를 잔뜩 넣는다. 간은 소금과 간장과 피시소스로 한다. 잘 치대서 한 덩어리가 되면 끝난다. 더없이 간단하다!

참고로 만두소에 간이 충분히 되었는지는 조금 떼어내서 프라이팬에 구워 먹어보면 확인할 수 있다. 르 꼬르동 블루에 다닐 때 포피예트<sub>고기를 얄팍하게 저민 후 다짐육 등의 소를 넣고 돌돌 말거나 접어 감싼 것</sub>를 만드는 것이 중급 과정을 통과하는 시험이었는데, 쿠킹 포일을 조금 뜯어서 고기를 올리고 철판 위에 구운 다음 맛을 봤던 기억이 난다. 그러니까 여기서 만드는 내 만두소는 사실 정통 만두보다는 베이컨 등을 넣는 프랑스의 포피예트 같은 쪽에 조금 더 가까울지도 모른다. 어쨌든 다진 고기로 만들고 맛있다는 점은 동일하다.

만두피는 시판 기본 사이즈를 구입하자. 그리고 사각형 모양으로 자른다. 그러면 다코야키 틀에 쏙 들어가면서 위쪽은 꽃잎처럼 올라오는 정도의 크기가 된다. 손바닥에 만두피를 한 장 올리고, 만두소를 적당량 얹고, 손을 컵 모양으로 구부리면서 만두소가 그 안에 쏙 들어가고 가장자리는 꽃잎처럼 모이는 딤섬 모양으로 만든다. 완성한 딤섬은 쟁반에 올리고 나머지 재료로 같은 과정을 반복하면 된다.

여기서 특이한 점 한 가지, 이렇게 윗면이 벌어진 딤섬 모양의 만두를 구우려면 뒤집을 수가 없다. 그렇다면 어떻게 속까지, 윗면까지 고르게 익힐 수 있을까? 정답은 '반찐반굽' 방식으로 익히는 것이다. 다코야키 팬을 달군 다음 식용유를 조금씩 두르고, 빚은 딤섬 만두를 한 구에 하나씩 집어넣는다. 이때 손이 데이지 않도록 조심해야 한다(먼저 데인 사람의 경고).

  잠깐 기다린 다음 만두의 바닥 부분이 조금 노릇해질 정도로 구워지면 주전자로 뜨거운 물을 사방에 조금씩 붓는다. 이때 벌어진 만두소에 물이 들어가지 않도록 조심해서 넣는 것이 중요하다. 지글지글 끓도록 조금조금씩 부은 다음에 뚜껑을 닫고, 10분 정도 찌듯이 익힌다. 그리고 뚜껑을 열어 남은 수분을 완전히 날리면 바닥은 노릇노릇하고 윗면은 뾰족한 만두피 끝까지 완전히 말랑하게 익은 동글만두가 완성된다. 요 팬째로 식탁에 바로 차리면 젓가락으로 쏙쏙 집어먹기 정말 좋다! 만들기도 재미있고 먹기도 재미있는 다코야키 팬 만두다.

## 레시피
# 다코야키 팬 만두

**재료**   만두피 20장, 다진 돼지고기 300g, 다진 새우살 100~150g, 부추 적당량, 생강 적당량, 마늘 적당량, 소금, 간장, 피시소스

**만드는 법**

1. 부추는 송송 썰고 생강과 마늘은 곱게 다진다.
2. 다진 돼지고기에 새우살과 부추, 생강, 마늘을 넣는다. 소금과 간장, 피시소스로 간을 한 다음 잘 치대어 섞는다. (필요하면 소량을 팬에 구워서 간이 맞는지 확인한다.)
3. 만두피를 사각형으로 자른다. 가운데에 만두소를 넣고 손바닥을 오므려 딤섬 모양으로 빚는다.
4. 다코야키 팬을 달군 다음 식용유를 두른다.
5. 딤섬 모양으로 빚은 만두를 하나씩 넣는다.
6. 바닥이 바삭하게 구워지면 만두소에 들어가지 않도록 주의하면서 물을 조금씩 붓는다.
7. 뚜껑을 닫고 10분간 찌듯이 익힌다.

# 새우 팟타이

캠핑 솥뚜껑 '그리들'에 바싹 볶는
태국의 맛과 추억

예전부터 호쾌하게 넓적한 번철이 갖고 싶었다. 길거리 음식을 대량으로 조리하기에 최적이고, 온갖 소스와 식재료가 날것으로 올라가 엄청나게 수분이 증발하는 소리와 함께 익어가는 철판은 야시장에서 봐도, 철판요리 전문점에서 봐도, 영화 〈셰프〉에서 아침 식사로 그릴 치즈 샌드위치를 굽는 장면에서 봐도 매력적이다.

프라이팬 하나에 달걀 프라이를 하나 부쳐내는 것과는 마음가짐도 스케일도 다르다. 요리하는 사람이라면 저런 번철 하나쯤은 가지고 있어야 하지 않을까? 날렵하게 8인분의 햄버거 패티쯤은 순식간에 구워내야 하지 않을까?

### 캠핑 솥뚜껑 a.k.a. 그리들

한국인이라면 솥뚜껑의 매력을 이해할 것이다. 어린 시절 읽었던 동화 속에서는 호박전을 구울 때 무쇠 가마솥의 뚜껑을 홀랑 뒤집어 불 위에 걸어 놓고 기름을 둘러 몇 소쿠리씩 지져내곤 했다. 현대식 주방만 보고 자랐던 어린이의 눈에 그게 얼마나 신기하게 보였던지.

비록 아궁이와 가마솥을 보고 자라지는 못했더라도 솥뚜껑에 구운 삼겹살이 맛있다는 것은 안다. 일단 생고기를 척 올리는 순간의 사운드부터가 다르다. 뜨겁게 달궈진 쇳덩어리에 고기가 달라붙으며 세상 노릇노릇하고 바삭바삭해지기 전까지는 절대 놓아주지 않겠다는 의지를 불태우는 소리다.

그리들의 장점을 꼽자면 우선 프라이팬처럼 가장자리가 벽처럼 올라오는 경우가 거의 없고 손잡이까지 같은 소재로 되어있어 철판 하나를 불 위에 대뜸 올려서 요리하는 느낌을 제대로 만끽할 수 있다. 가장자리가 없어서 생기는 단점은 가끔 음식을 볶다가 밖으로 날려버릴 수 있다는 것이고(아까운 내 삼겹살…), 장점은 뒤집개 쓰기가 편하고 수분이 잘 날아가서 고기와 채소가 제대로 노릇노릇해진다는 것이다. 가장자리에 삼겹살을 두르고 가운데 고이는 기름에 파채와 미나리를 볶으면 미각은 행복하고 혈관은 싫어할 것 같은 맛이 완성된다.

아예 이 우묵한 형태를 이용해서 여기에 찌개나 라면을 끓이기도 한다. 모닥불 위에 올린 이 넓적한 그리들에서 보글보글 끓는 라면은 시각적으로 강렬한 만족감을 준다. 한마디로 맛있어 보인다. 다만 냄비에 끓일 때보다 수분이 많이 날아가고 면이 국물에 푹 잠기지 않아서 사실 국물 라면을 끓이기에 그리들이 이상적인 도구는 아니다. 안타까운 일이다. '사진발'은 정말 잘 받는데.

그렇다면 철판과 번철에 로망을 가졌던 내가 불꽃에 올린 그리들이라는 조리 환경을 가장 마음껏 즐기며 만든 음식은 무엇일까? (물론 무엇이든 만들어도 된다. 사실은 가장자리 없는 프라이팬이니까.) 지금까지 본 철판 요리와 길거리 음식을 떠올려보자. 평평한 그리들이라면 푸드 트럭의 셰프처럼 해시브라운과 베이컨을 굽고 햄버거 패티를 꾹 눌러서 최상급으로 바삭바삭하게 만들 수 있다. 파리의 노점처럼 크레페를 부칠 수도 있을 것이다. 우묵한 그리들이라면? 이제 막 따뜻해지기 시작한 대낮의 아웃도어 라이프의 온도감을 느낄 수 있는 메뉴를 만든다면? 바로 쌀면이라 따로 물을 끓여 삶을 필요도 없이 팬 하나로 완성할 수 있고 나눠 먹으며 여행지의 추억을 되살릴 수 있는 볶음면, 팟타이다.

### 캠핑장의 팟타이 노점상

이름부터 '타이'가 붙어 있어 태국의 유서 깊은 전통 음식인 것 같은 팟타이는 사실 1930년대에 계획적으로 만들어진 음식이다. 태국의 음식을 글로벌하게 널리 알리는 메뉴로도 대활약했으니 성공한 계획이라고 할 수 있을 것이다. 팟타이에서 가장 중요한 점은 한 젓가락 들어올릴 때마다 그에 묻어나는 자잘한 토핑이 많아야 한다는 것이다. 작은 크기의 말린 새우, 다진 마늘, 칠리 플레이크, 다진 샬롯'미니 양파'라고 불리는 작은 크기의 채소로 매운맛이 약하고 향이 은은하다, 볶은 달걀, 땅콩과 고수 등이 다채롭게 들어가서 온갖 맛과 색으로 눈과 입을 즐겁게 만들어야 한다. 여기에 큼직큼직하게 왕새우나 부추, 숙주 등이 들어가면 금상첨화다.

쌀국수를 물에 불려놓고 원하는 재료를 모두 손질해서 옆에 딱 세팅해두면 이제 10분 안에 팟타이를 먹을 수 있다. 볶음 요리를 할 때는 세팅이 중요하다. 뭐든 너무 많이 익기 전에 다음 재료를 착착 넣고 조리할 수 있도록 오일과 면, 토핑 재료, 소스까지 모두 옆에 준비해두고 불을 켜야 한다. 이것이 캠핑장 팟타이 노점상의 프렙prep이다.

파워 스토브에 우묵하고 큰 그리들을 올리고, 오일을 두른 다음 달군다. 말린 새우와 마늘, 샬롯, 칠리 플레이크를 넣고 볶는다. 마늘과 샬롯이 군데군데 노릇해지고 고소한 향이 나면 불린 쌀국수와 소스를 넣는다. 집게로 골고루 잘 풀어가면서 섞은 다음 한쪽으로 밀어놓고 달걀을 깨서 넣고 볶는다. 부추와 숙주를 넣어서 잘 섞은 다음 고수와 땅콩을 뿌리고 웨지로 썬 라임을 곁들여서 내면 끝! 식사 시간이라고 외친 다음 조리를 시작해도 다들 둘러앉기 전에 팟타이가 완성된다. 길거리 음식은 받자마자 따끈하게 먹는 것이 '국룰'이니 사람이 앉아서 음식을 기다리도록 하자.

만약에 생새우를 넣고 싶다면 처음에 먼저 구운 다음, 꺼냈다가 부추를 넣을 때 같이 넣는 것이 좋다. 귀찮다고 달걀을 볶기 전에 넣고 구우면 자칫 면을 너무 오래 익혀서 퍼지게 될 위험이 있다. 물론 그래도 맛은 있다.

우리가 타고 온 것이 캠핑카가 아니라 태국행 비행기였던가? 한 젓가락마다 지난 휴가의 에피소드가 함께 묻어나고, 다음 여행 계획은 물론 다음 캠핑에서 맛으로 떠날 여행지 음식에 대한 대화가 이어진다. 언젠가는 이 캠핑을 맛으로 떠올리는 날이 올지도 모르는 일이다. 미각에 새긴 기억이 세월만큼 깊어만 간다.

> 레시피

# 새우 팟타이

**재료(2인분)**  쌀국수 115g, 새우 6마리, 말린 새우 1큰술, 다진 마늘 3쪽 분량, 다진 샬롯 1개 분량, 칠리 플레이크 ½작은술, 달걀 1개, 부추 적당량, 숙주 1줌, 고수 1줌, 다진 땅콩 1큰술, 라임 ½개, 소금, 식용유

**팟타이 소스 재료**  설탕 4큰술, 물 4큰술, 타마린드 소스<sub>타마린드 열매를 주재료로 만든 새콤달콤한 맛의 소스</sub> 5큰술, 피시 소스 2½큰술

## 만드는 법

1. 쌀국수는 물에 불리고 새우는 껍질을 깐다.
2. 부추는 송송 썰고 라임은 웨지 모양으로 썬다.
3. 냄비에 설탕을 넣고 캐러멜화한 다음 물을 넣어서 잘 섞는다. 타마린드 소스와 피시 소스를 넣어서 잘 섞은 다음 불에서 내린다.
4. 파워 스토브에 우묵한 그리들을 올리고 식용유를 둘러 달군다.
5. 새우를 넣어서 소금으로 간을 하고 앞뒤로 분홍색이 될 때까지 빠르게 구운 다음 꺼낸다.
6. 말린 새우와 다진 마늘, 샬롯, 칠리 플레이크를 넣고 마늘과 샬롯이 살짝 노릇해질 때까지 볶는다.
7. 불린 쌀국수를 건져서 물기를 제거하고 소스와 함께 그리들에 넣어 잘 섞는다.
8. 볶은 국수를 한쪽으로 밀고 달걀을 깨서 넣고 볶는다.
9. 부추와 숙주를 넣어서 골고루 잘 섞는다.
10. 다진 고수와 땅콩을 뿌리고 라임을 곁들인다.

# 닭갈비 볶음밥

**내 볶음밥은 디저트가 아니라 주인공이야!**

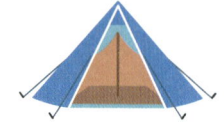

회식의 대명사이자 '코리안 바비큐'로 해외까지 진출한 우리나라의 '고깃집'은 기본 구성이 비슷하다. 대체로 동물성 단백질인 메인 식재료, 그에 곁들이는 함께 익히는 채소와 생으로 먹는 채소, 양념, 후식으로 이어지는 밥과 면과 찌개다. 이렇게 단출한 구성일수록 개개인의 취향이 반영되면 그 변형도 화려해진다.

찍어 먹는 양념도 저마다 가지각색이라 캠핑용품점에 가면 미니 급식 반찬판처럼 생긴 2구, 3구짜리 양념 그릇을 흔하게 볼 수 있다. 여기에 된장찌개를 끓이다 보면 옆 사이트에서는 김치찌개 냄새가 흘러오고, 찌개보다 라면이 끌려서 '국물 라면이냐 비빔면이냐'로 매점에서 한참 공방을 벌이기도 한다. 비빔면은 쌈장 같은 양념의 일종으로 봐도 된다고 본다. 그렇다면 비빔면 하나, 국물 라면 하나.

이렇듯 캠핑 요리가 즐거운 것은 철저하게 취향에 따라 커스터마이즈할 수 있다는 부분이 크다. 제아무리 다양한 주거 환경이 있어도 현대식 주방의 구조는 집집마다 크게 달라지지 않는다. 한때는 가마솥이었던 열원이 가스레인지로 전면 교체되고, 이제는 점점 성능이 좋아지는 인덕션으로 바뀌어가는 과정도 모두가 동일하게 겪는다. 하지만 캠핑을 처음 시작하기 위해서 주방 세팅을 알아보면 활짝 열린 가능성에 아찔해진다.

고기를 어디에 구울 것인지에도 성격과 취향이 드러난다. 어디서든 안정적으로 간단하게 불을 피울 수 있는 부탄가스와 이소가스를 사용하는 사람, 캠핑장마다 10kg에 1만 원 정도의 가격으로 판매하는 장작으로 불을 때는 사람, 구이바다의 전골판으로 만족하는 사람이 있는가 하면 가마솥 뚜껑처럼 묵직한 그리들을 고수하기도 하고 불향과 나무향이 배어드는 직화구이에 푹 빠지기도 한다.

캠핑을 가면 다들 똑같이 고기나 구워 먹는 것 같지만, 가만히 들여다보면 백인백색의 개성을 지니고 나만의 취향을 탐험하고들 있다. 오늘 다녀온 캠핑 짐을 다음 주에 또 챙겨들고 이고지고 떠나게 만드는 캠핑의 묘미 중 하나인 것!

내가 회식에서 벗어나 캠핑 바비큐를 준비하면서 가장 자유로움을 느끼는 부분은 사실 밥이다. 고깃집에 대한 취향 중에서 뚜렷하게 갈리는 것이 또 하나 있으니 바로 밥을 곁들이는 순서와 종류다. 나는 고깃집에 들어가면 약간의 탄수화물을 곁들였을 때 지방 낀 단백질이 제일 맛있게 느껴진다고 굳게 믿으며 고기와 함께 "밥 하나 주세요"를 외치는 사람이다.

그런데 밥을 같이 먹어버리면 아쉬운 점이 딱 하나 있다. 다 먹고 나서 남은 고기, 양념과 함께 달달 볶아 누룽지가 생기도록 지진 고깃집의 후식, 볶음밥의 존재다.

고기를 항상 밥과 함께 먹는 취향인 사람은 이 볶음밥도 메인으로 먹고 싶다. 배는 이미 부른데 왜 자꾸 들어가냐는 불평과 함께 꾸역꾸역 먹는 것이 아니라, 맛있는 음식을 가장 입맛이 생생할 때 먹고 싶은 것이다. 하지만 볶음밥은 일단 고기를 먹은 양념이 있어야 하니 고깃집에 가서 처음부터 주문하기는 어렵다.

그런 심정이 십분 반영된 나의 커스터마이즈 캠핑 바비큐 메뉴가 있으니, 바로 닭갈비 볶음밥이다. 감질나게 남은 고기를 잘게 썰어서 넣는 것이 아니라 정량의 고기를 듬뿍 넣어서 보기에도 푸짐하고, 양념이 고기와 밥에 전부 골고루 잘 스며들어 어느 곳을 한 숟갈 떠도 모든 맛이 다 느껴진다. 노릇노릇하게 지진 고기와 밥의 누룽지 부분에 달콤하게 익은 채소가 어우러지는 것 또한 별미다. 내 볶음밥은 후식이 아니야, 주인공이야.

닭갈비 볶음밥을 만들려면 우선 매운 정도와 당도까지 입맛에 따라 만든 닭갈비 양념에 닭 허벅지살과 채소를 한 입 크기로 썰어서 넣는다. 골고루 버무린 다음 식용유를 두르고 달군 그리들에 부어서 잘 뒤적여가며 노릇노릇하게 볶는다. 양념이 타지 않도록 주의하면서 모든 재료를 노릇하게 잘 볶는 것이 중요하다. 양념을 섞지 않은 채로 고기와 채소를 먼저 볶고 양념을 부어서 버무린 다음 밥을 넣는 것도 방법이다.

일단 양념과 함께 모든 고기와 채소를 잘 익혔다면 밥을 넣는다. 갓 지은 밥이나 너무 차가운 밥으로는 맛있는 볶음밥을 만들기 힘들다. 실온 정도로 식은 밥을 사용하거나 즉석밥이라면 기준의 절반 정도만 전자레인지에 돌려서 넣는다. 밥에 양념이 잘 버무려지도록 골고루 볶은 다음 누룽지가 충분히 생길 때까지 그대로 두어 바닥을 바삭바삭하게 만든다. 이때 한 번 더 볶아서 다시 누룽지를 만들어 고소한 부분의 비율을 늘리는 것도 요령이다. 볶음밥이 완성되면 취향에 따라 치즈를 넣고 녹이거나 김가루나 채 썬 깻잎을 곁들여 먹는다. 모두 함께 누룽지까지 박박 긁는 것을 잊지 말 것!

> 레시피

# 닭갈비 볶음밥

**재료**  닭 허벅지살 300g, 마늘, 양파, 양배추, 고구마, 밥 2인분

**양념**  황설탕 1큰술, 고춧가루 1큰술, 맛술 ½큰술, 간장 1½큰술, 물엿 1큰술, 다진 마늘 ½큰술, 고추장 1큰술

**토핑 재료**  김가루, 깻잎, 치즈

## 만드는 법

1. 모든 양념 재료를 잘 섞는다.
2. 한 입 크기로 썬 닭고기와 채소를 넣어서 잘 섞는다.
3. 식용유를 두른 그리들에 넣어서 노릇노릇하게 잘 볶는다.
4. 밥을 넣어서 마저 볶는다.
5. 치즈를 넣어서 녹인 다음 김가루와 깻잎을 뿌려 먹는다.

# 바나나 로띠

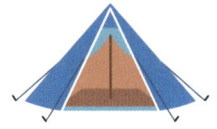

그리들로 만드는 길거리 디저트
여름과 잘 어울리는 달콤 바삭 바나나 로띠

태국, 베트남, 대만… 후덥지근하고 야시장이 화려하면서 길거리 음식이 맛있기로 유명한 나라들이다. 특별한 재료를 사용하지 않아도 그 나라의 기후에 딱 어울리는 음식이 따로 있다. 제대로 더운 여름을 지난 해의 고춧가루가 유난히 맵고, 뙤약볕이 내리쬐는 즈음에 수박이 달콤해지는 것과 비슷하다. 한겨울의 희멀건 수박은 그 흐릿한 색감만큼이나 맛도 연약하니까. 이처럼 유난히 더운 나라 여행에서 먹은 음식은 그만큼 더워지면 어김없이 생각나는데, 수박 주스인 '땡모반'만큼이나 여름에 잘 어울리는 디저트가 태국에서 먹는 '로띠'다.

로띠는 태국의 흔한 길거리 음식으로, 반죽을 얇게 펴서 구워 토핑을 넣어서 먹는다는 점에서는 '크레페'와 비슷하다. 하지만 질감이 완전히 다르다! 크레페는 겉이 살짝 노릇해지도록 굽기는 하지만 기본적으로 말랑말랑하고 촉촉하다. 파리의 길거리에서 레몬 설탕 크레페를 사면 둥글게 부친 크레페에 바삭한 설탕과 레몬즙을 뿌려서 손수건처럼 두 번 접어 유산지에 끼워서 준다. 그럼 새콤달콤하고 설탕이 아작아작 씹히는 부드러운 크레페를 먹으면서 알렉상드르 3세 다리를 건너는 것.

로띠는 크레페만큼 얇게 펼쳐서 굽지만 아주아주 바삭바삭하다. 그 질감의 차이는 어디서 오는 것일까? 바로 반죽이다. 크레페는 팬케이크보다 더 묽은 액상의 반죽을 국자로 퍼서 달군 팬에 넓게 부친다. 굳기 전에 재빠르게 넓게 퍼트릴 수 있도록 반죽이 충분히 묽어야 하는 것이 포인트다.

반면 로띠 반죽은 아주 간단한 파이 반죽이나 수제비 반죽에 더 가깝다. 마치 빵을 반죽하듯이 수분과 기름이 밀가루에 고르게 퍼지도록 한동안 치대서 글루텐밀, 보리, 귀리 등에 들어있는 글루테닌과 글리아딘이 결합하여 만들어지는 단백질을 형성시키고, 그 글루텐 때문에 반죽이 다시 줄어들지 않도록 충분히 휴지반죽을 일정 시간 냉장고나 상온에 두는 것 과정을 거쳐야 한다. 그래야 아주아주 얇게 펼 수 있으니까. 파이 반죽을 만들 때처럼 밀가루에 버터 등 유지방을 넣고 고르게 잘 퍼지도록 손가락으로 비비듯이 섞는 것도 특이하다.

그 과정을 보자 비로소 아하, 그래서 바삭하게 구워지는 거구나, 하고 이해할 수 있었다. 이렇게 보면 크레페와는 만드는 법이 완전히 딴판인 것을 알 수 있다.

처음 로띠를 만들 때 실패한 부분이 바로 휴지 후에 얇게 펴는 과정이었다. 반죽을 얇게 펴다 보면 찢어지지 않을까 걱정이 된다. 그러다 어느 시점에 '이 정도면 충분하지 않을까?' 하고 스스로와 타협을 한다. 하지만 구워보면 그러면 안 된다는 것을 알 수 있다. 바나나를 넣고 착착 편지봉투처럼 봉할 넓이가 안 되는 것은 둘째 치고, 구운 로띠를 먹어보면 반죽이 두꺼울수록 바삭바삭한 로띠의 매력이 반감된다는 것을 확 느낄 수 있다.

로띠는 구우면서 안에 토핑을 얹고 봉해버려서 반죽을 한쪽만 익히게 된다. 그래서 반죽이 두꺼우면 바삭한 부분의 비율이 낮아지고 둔중한 질감이 되고 만다. 차라리 찢어지더라도 최대한 얇게 펴야 하는구나! 어차피 연유도 가져오는 걸 깜빡했으니까 괜찮아! 나는 언제나 무언가를 집에 두고 캠핑장에서 후회하는 사람. 그렇게 다음을 기약했다.

휴일을 끼고 2박 3일간 여유롭게 캠핑을 즐기게 된 어느 연휴, 나는 전날부터 열심히 로띠 반죽을 새롭게 계량하고 반죽했다. 이전의 레시피에서 단점이라고 생각한 달걀 분량과 설탕 분량을 조절하고 아주 열심히 치댄 다음 소분하고 기름을 발라서 트레이에 담고, 비닐봉지로 단단히 봉했다. 꽤나 끈적이는 반죽이기 때문에 소분한 다음 기름을 바르지 않으면 서로 달라붙어 한 몸이 되고 만다. 자고로 레시피에는 다 이유가 있기 마련이다(하지 말라는 실수는 다 해본 사람이 남기는 말).

다음 날 아침, 나는 가볍게 좌절하고 말았다. 연유를 또 까먹은 것이 아닌가! 연유는 우리 집 냉장고에서 3주일째 나오지 못하고 나를 원망하는 중일 것이다. 이 정도면 마가 낀 것이 아닌가? 하지만 나는 자타공인 단맛 광인이기 때문에 캠핑카를 뒤지면 뭐라도 나올 것이라고 소매를 걷어붙였다. 당연하다면 당연하게도 꿀이 있었고, 설탕도 백설탕과 사탕수수 원당이 있었고, 마멀레이드와 딸기잼이 있었고, 어째서인지 땅콩버터는 없고 초콜릿칩이 한 봉 있었다. 이 정도면 당 충전을 도와줄 달달한 로띠를 만들기에는 넘치고도 남는 재료다. 참고로 내 캠핑용 팬트리에는 베이킹 파우더와 이스트도 있다.

아무튼! 명예를 회복하기 위해 냉장고에 넣었던 로띠 반죽을 꺼내고 심혈을 기울여 반죽을 펴기 시작했다. 찢어지지 않도록 조심하면서 빙글빙글 돌려가면서 꼬집고 밀고 펼친다. 원래 가장자리 부분은 나폴리 피자처럼 조금 두꺼워지는 것이 정상이라고는 하는데, 그런 사실에 기대면 생각보다 두꺼운 채로 마무리하게 되니까 가능한 한 반대쪽이 비쳐 보이나? 싶을 정도로 충분히 얇게 펼친다. 찢어지면 다른 반죽을 덧대면 되니까.

그리들을 불에 올리고, 버터를 두르고, 얇게 편 반죽을 얹는다. 이때부터 빠르게 움직여야 한다. 가운데에 송송 썰어둔 바나나를 착착 한 층으로 올리고, 설탕이나 초콜릿칩을 뿌린다. 나는 초콜릿칩을 반 움큼 뿌렸다가 한 세 알을 더 얹었다. 인심이 부족한 것 같아서. 이미 굳기 시작한 로띠 반죽을 사방으로 착착 접어 바나나와 초콜릿이 완전히 안 보이도록 봉했다. 총 세 개를 부쳤는데 세 번째는 반죽이 조금 작아서 완전히 봉해지지 않아 남은 반죽을 뜯어서 급한대로 덧댔다. 왜냐면 뒤집어서도 구워줘야 하니까. 초콜릿이 흘러나와서 탈까봐 노심초사하는 상태였다.

이제 이렇게 봉해진 로띠는 앞뒤로 바삭바삭하게 구우면 된다. 여러 번 뒤집어도 상관없다. 다만 버터를 넉넉하게 둘러서 기름에 살짝 튀겨지도록 구워야 맛있다는 점만 기억하자. 노릇노릇, 바삭바삭. 뒤집개로 겉을 긁으면 바사사사사사삭 소리가 나야 한다. 이게 바로 맛있는 로띠의 소리!

로띠가 앞뒤로 노릇노릇해지면 도마에 얹어서 한 김 식힌 다음 사각형으로 썬다. 하지만 나는 여기서 접시에 바로 로띠를 올리고 가위로 잘랐다. 한국인은 가위만 있으면 못할 것이 없다! 겉이 바삭해진 로띠 속에서 녹진해진 바나나와 녹은 초콜릿이 살짝 흘러나왔다. 아, 달콤한 냄새….

그리고 여기다가 꿀을 뿌렸다. 단맛이 과할 것 같지만, 연유까지 뿌려도 된다. 로띠 반죽 자체에도 소금과 설탕이 들어가기는 하지만 단맛이 강하지 않다. 짭짤한 토핑을 넣어도 충분히 어울릴 정도다. 다재다능하게 쓰기 좋은 레시피니까. 그래서 아침 식사로 눈 번쩍 뜨이는 단맛을 원하는 나는 안에 바나나와 초콜릿을 넣은 로띠에 꿀을 뿌렸다. 그런데도 정말 과하게 달지 않았는데, 아, 진짠데. 확인할 방법이 없네. 한 번만 만들어 보길 권한다. 여름인데 태국을 떠올리게 하는 이 정도 단맛은 괜찮지 않을까.

(레시피)

# 바나나 로띠

**재료**  중력분 170g, 소금 ½작은술, 설탕 ⅓큰술, 버터 20g, 달걀 1개, 물 70g, 바나나 2개, 초콜릿칩 또는 연유 또는 꿀

## 만드는 법

1. 볼에 중력분과 소금, 설탕을 넣고 가볍게 섞는다. 버터를 잘게 잘라서 넣고 손가락으로 빵가루 같은 상태가 될 때까지 밀가루와 함께 비비면서 고르게 잘 섞는다.
2. 반죽에 달걀과 물을 넣고 덜 찐득거리는 상태가 될 때까지 (약 15분) 잘 치댄다.
3. 반죽을 4등분한 다음 기름을 발라서 트레이에 담고 랩을 단단히 씌워서 냉장고에 넣어 휴지한다. (최소 1시간)
4. 바나나를 송송 썰어 준비한다.
5. 반죽을 꺼내서 아주아주 얇게 편다. (밀대는 달라붙으므로 손으로 돌려가면서 펴는 것이 좋다.)
6. 달군 그리들에 여분의 버터를 두르고 얇게 편 반죽을 얹는다. 바로 가운데에 바나나와 초콜릿칩을 얹고 양옆의 반죽을 바나나 위로 접은 다음 위아래의 반죽도 같은 방식으로 접어 편지봉투를 봉하듯이 봉한다.
7. 버터를 조금씩 더하면서 앞뒤로 뒤집어가며 노릇노릇하게 굽는다.
8. 잘라서 접시에 담고 꿀이나 연유를 뿌려 먹는다. (꺼내자마자 먹으면 바나나가 용암처럼 뜨거우니 조심!)

# 초당 옥수수

굽고 바르고 뜨는 3단 변주
여름 옥수수 '콘'서트

  봄이 지나갈 즈음이면 제일 먼저 예약 판매로 세상에 모습을 드러내는 당도 높고 아삭아삭한 초당 옥수수, 쫀득하고 고소한 정겨운 맛의 찰옥수수, 달콤하고 말랑말랑 부드러운 노란 옥수수. 세상에는 다양한 옥수수가 있고 그 모든 존재를 전부 사랑하지만, 그중에서 제일 좋아하는 옥수수를 고르라고 한다면 아주 쉽다. 가장 최근에 수확한 옥수수를 고르면 된다. 옥수수의 달콤한 맛은 수확과 동시에 빠른 속도로 밋밋한 전분으로 변화하기 때문에 시시각각 당도가 낮아진다.

  아직 갓 딴 옥수수를 손에 넣을 방법은 없으니 최대한 캠핑을 떠나는 날짜에 가깝게 도착하도록 수확해서 보내주는 초당 옥수수를 한 상자 가져온 참이다. 수년 전에 혜성처럼 등장한 '과일처럼 먹는다'는 초당 옥수수는 당도가 아주 높다는 이름(超糖)처럼 달콤하고 익혀도 질감이 아삭아삭하다.

숯불을 피우는 사이에 옥수수를 손질한다. 일단 맛있는 옥수수를 손에 넣었다면 복잡하게 손을 댈 필요가 없다. 만약에 조금 모양을 내고 싶다면 껍질을 뜯어내지 말고 아래쪽으로 쭉쭉 뻗도록 뒤집어서 매끈하게 형태를 다듬는다. 그리고 껍질을 하나만 뜯어내서 포니테일을 묶을 때처럼 가운데를 단단하게 묶어서 고정시킨다. 그러면 손잡이가 되어서 집게 없이도 껍질 부분을 잡고 옥수수를 돌려가며 구울 수 있고, 뜨거운 옥수수가 식기를 기다릴 정신이 없어도 껍질 부분을 잡고 먹을 수 있다.

옥수수를 맛있게 굽는 법에 대해서도 이런저런 가이드가 많다. 껍질은 그대로 두어야 할까, 벗겨야 할까? 버터는 처음에 바를까 나중에 바를까? 완전히 굽는 데에는 얼마나 시간이 걸릴까? 심지어 염지 기법을 여기에 적용해서 미리 소금물에 담가야 한다는 이야기도 있다. 결론부터 말하자면 옥수수를 절대 염지하지 말자. 닭고기를 염지할 때처럼 속까지 간이 배고 촉촉해지는 일은 없다. 수분이 빠져나가기만 할 뿐 돌아오지 않는다.

## 1. 촉촉하게 굽고 싶다면 알루미늄 포일로 싸기

 염지법은 아마 옥수수를 껍질째 구울 때 껍질을 물에 불리면 덜 탄다는 점에서 착안한 이야기가 아닐까. 껍질째 굽는 이유는 수분이 가둬져서 옥수수 과육이 촉촉해지기 때문이다. 만약에 껍질째 구워보고 싶다면 일단 껍질을 한 번 다 벗겨낸 다음(뜯지는 말자) 옥수수 수염을 제거하고 다시 껍질을 제자리로 되돌려서 구우면 된다. 이왕 귀찮은 작업을 한 김에 옥수수 과육에다 버터, 소금, 향신료를 발라서 껍질을 다시 씌우면 맛도 향도 밴다.

 하지만 껍질째 굽는 옥수수는 일부러 물에 불리라는 팁이 돌아다닐 정도로 껍질이 타기 쉽다는 단점이 있다. 과육은 타지 않고 살아있다 하더라도 새까맣게 타버린 재는 잘 털어지지 않는다. 속이 촉촉하게 유지되었다면 더욱 찰싹 달라붙어 있을 것. 껍질을 벗기고 구우면 살짝 수축되면서 건조해지기는 하지만 그게 새까만 껍질 재를 감안해야 할 정도의 단점은 아니다.

 만약에 그래도 촉촉한 옥수수 구이를 하고 싶다면 쿠킹 포일을 추천한다. 껍질이고 수염이고 모조리 싹 벗겨낸 다음에 버터, 소금, 향신료를 쓱쓱 발라서 쿠킹 포일로 옥수수를 감싸자. 군고구마를 만드는 것처럼. 다 구운 다음에 먹기 전까지 포일을 열지 않으면 온도도 따뜻하게 유지되고, 개별적으로 꺼내 먹기에도 좋다.

## 2. 선 버터, 선 소금

역시 완벽한 군옥수수를 원한다면 이 2번, 껍질 없이 굽는 버전을 추천한다. 베어 무는 과육이 노릇노릇해지고 불향이 배어서 맛을 온전하게 느낄 수 있기 때문이다. 겉을 눈으로 확인할 수 있으니까 타지 않도록 굴리기도 용이하다. 맛있는 옥수수라면 필요한 건 오직 버터와 소금뿐이다.

버터는 정말 꼭 발라야 한다. 굽기 전에 바르는 것과 구운 후에 바르는 두 가지 선택지가 있는데, 둘 다 하면 제일 좋고 하나만 선택한다면 무조건 '선(先) 버터'다. 장작불이나 숯불에 음식을 구우면 식재료에서 수분이 떨어진다. 그 수분이 열기에 다시 기화되면서 나무와 식재료의 맛 성분을 입은 채로 올라온다. 그게 음식에 배야 숯불 맛이 나는 것이다. 그 맛을 붙잡아두고 머금는 역할을 바로 지방이 한다. 버터, 최소한 식용유라도 바르지 않으면 그냥 빠르게 잘 말라가는 것일 뿐일 수도 있다. 껍질을 벗긴 옥수수에 조리용 솔로 버터를 쓱쓱 바른 다음 소금을 솔솔 뿌려서 그릴에 올리기. 아주 쉽지만 완벽한 맛을 보장하는 첫 시작이다!

## 3. 불은 중약불

아주 멋지게 타오르는 장작불에 옥수수를 올리면 불타는 횃불

을 손에 넣을 수 있다. 어릴 때 엄마가 옥수수를 삶으면 달콤한 냄새는 온 집안에 퍼졌는데 아직 다 익지 않았다는 말에 하염없이 침만 고인 채로 기다렸던 기억이 있다. 이처럼 옥수수는 생각보다 속까지 익는 데에 시간이 걸린다. 과일처럼 아삭하게 먹는 초당 옥수수는 그래도 밀도 높은 찰옥수수보다는 조금 빨리 익는 편인데, 그래도 활활 타오르는 불꽃에 올리면 그냥 불쏘시개로 쓰게 된다.

바짝 열이 오른 숯불에 적당한 거리를 두고 올린 다음에 굴려가면서 총 15분 정도 걸린다고 생각하고 굽자. 돌려가면서 전체적으로 노릇노릇하게 만드는 것이 목표다. 토마호크나 두터운 돼지고기 목살이나 옥수수나 다 비슷하다. 천천히 오랫동안 노릇하게 구워야 썰어보니 속은 아직 생고기라 다시 불에 올려야 하는 불상사, 여차하면 죄다 태워서 '없던 일'이 되어버리는 불상사를 피할 수 있다.

이때 솔로 버터를 골고루 바르면서 구워야 지방에 숯불 향이 배서 제대로 군옥수수의 맛이 난다는 점을 기억하자. 버터를 바르고 소금을 솔솔 뿌려서 완성한 군옥수수만큼 단순하게 단짠의 매력을 보여주는 음식도 없다.

### 멕시코 엘요트는 선택

만일 평범한 군옥수수를 자극적인 길거리 음식으로 만들고 싶다면 '엘요트'를 준비해보자. 엘요트는 멕시코의 길거리 음식으로, 더운 나라의 매력적인 음식이 주로 그렇듯이 새콤하고 짭짤하고 매콤하고 달콤하게 미각을 쾅쾅 두드리는 풍미 조합을 선보인다.

엘요트 소스의 포인트는 새콤+짭짤+크림+치즈다. 그러니까 사워크림에 마요네즈를 섞어서 새콤한 크림 베이스를 만들고, 여기에 페타 치즈<sub>양젖 또는 양젖과 염소젖의 혼합물로 만드는 짠맛이 강한 그리스의 치즈</sub>를 잘게 부숴서 섞어 짭짤한 포인트를 더하고, 다진 마늘과 다진 고수로 향미를 첨가한다. 칠리 파우더나 레드 페퍼 플레이크를 뿌려서 매콤한 맛을 넣어도 좋다. 이 소스 자체가 바비큐에 굉장히 잘 어울린다. 구운 고기나 생선에도 잘 맞는다. 잘 구운 옥수수에 이 엘요트 소스를 쓱쓱 바른 다음 칠리 파우더나 레드 페퍼 플레이크, 그리고 라임즙을 짜서 뿌리면 짜릿하게 매콤새콤한 맛이 가미된다.

감귤류의 즙은 입맛을 확 끌어올리는 역할을 하기 때문에 이 새콤한 매력은 생략하지 않는 것이 좋다. 가능하면 시판 즙보다 갓 짜서 뿌리는 것이 맛과 향을 훨씬 강력하게 느낄 수 있다. 달콤한 꽃 향기가 나는 레몬도 좋지만 신맛이 톡 쏘고 향신료 풍미가 나는 라임이 엘요트 소스에 들어간 재료와 가장 잘 어울린다. 페타 치즈가 없다면 파르메산 치즈 등으로 대체할 수 있는데, 충분히 짠맛을 내서 옥수수의 농축된 단맛과 대비되도록 하는 것이 엘요트의 포인트라는 점을 기억하자. 달고! 짜고! 매콤하고! 짜릿해야 한다.

초당 옥수수 특유의 단맛과 아삭한 식감에 노릇노릇 지져지며 입힌 숯불 향이 더해져서 고소한 풍미가 터져 나온다. 찌거나 전자레인지에서 익힌 것보다 농축된 단맛이 느껴진다. 그런데 여기에 새콤짭짤한 크림 소스를 더했다니? 같이 살짝 거뭇하게 익은 껍질을 단단하게 잡고 한 입 베어 물면 입 안에서 달콤한 옥수수 낟알과 함께 짠맛, 신맛, 매운맛, 감칠맛이 한데 어우러진다.

### 옥수수로 갈비 뜯기

캠핑 옥수수의 3단계 변신 중 마지막은 옥수수 갈비, 콘립corn rib이다. 여러 해 전부터 틱톡에서 인기를 끌고 있는 콘립은 옥수수를 세로로 4~8등분해서 익히는 요리다. 튀기거나 구우면 살짝 동그랗게 말리면서 뼈째로 뜯어먹는 갈비 같은 모양이 된다. 먹기도 편하고 보기에도 귀엽고, 그리고 보통 교정이 필요 없는 치아처럼 예쁘고 빼곡하게 자라있는 낟알 사이로는 향신료나 소금

간이 잘 배어들기 힘든데, 콘립처럼 세로로 썰면 전체적으로 맛이 잘 배어들어서 요리하기 좋다는 장점이 있다.

하지만 콘립에는 장점만큼 뚜렷한 단점이 있으니, 밑손질을 할 때 손을 베이지 않도록 특별히 주의해야 한다는 것이다. 옥수수를 통째로 썰어본 사람은 알고 있겠지만 옥수수 속대는 굉장히 딱딱하다. 아주 튼튼한 테이블 위에서 옥수수를 잘 고정시킨 채로 톱니칼을 이용해 조심스럽게 썰어야 한다. 불안하면 일단 가로로 반을 자른 다음에 써는 것이 좋다. 익숙해지면 8등분을 하는 것도 가능하다. 안전하게 옥수수를 세로로 써는 데에 성공했다면 녹인 버터에 향신료, 다진 마늘 등 원하는 재료를 넣어서 잘 섞은 다음 옥수수 갈비를 넣고 골고루 버무린다.

다음은 석쇠에 얹어서 그릴에 올린다. 가늘게 썰어서 그릴 아래로 빠지기 쉽기 때문에 생선용 석쇠 등 촘촘한 철망에 올려서 그릴에 얹는 것이 좋다. 통옥수수보다 익는 시간이 짧다는 것도 콘립의 장점이다. 뒤집어가면서 6~8분 정도 노릇노릇하게 굽는다. 조금 더 자극적으로 만들고 싶다면 구운 다음에 가루 치즈나 다진 허브, 소금과 향신료를 한 번 더 뿌려서 버무리는 것도 좋다. 뜨거운 열기와 함께 맥주 한 잔이 생각나는 캠핑 옥수수의 3단 변신을 마음껏 즐겨보자.

# 전과 막걸리

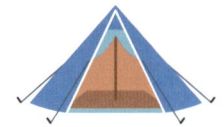

푸드 사운드트랙
장마철에는 전에 막걸리지!

  비가 오면 막걸리에 파전이 당기는 이유에 대해서는 언제나 많은 이야기가 따라다닌다. 막걸리와 전을 다루는 기사를 쓸 일이 있었는데, 알아본 바에 따르면 '비가 오면 공치게 되는 인부들이 주로 먹었던 음식이다'와 '빗소리가 전 부치는 소리와 비슷해서 생각나는 것이다'가 가장 그럴듯한 이유 같았다. 기사를 쓰다 보니 전에 자연스레 막걸리가 먹고 싶어졌다. 진정한 덕업일치의 삶이란 이런 것이다.

  장마가 시작되고 보름 정도, 내내 '전을 부쳐서 막걸리와 함께 먹고 싶군'이라고 생각하다 캠핑에 가서 드디어 전을 부치기 시작했다. 유튜브 채널을 위해 전이 익어가는 모습을 영상으로 촬영한 후 돌아와서 편집을 해보니 빗소리 ASMR 영상이 따로 없었다. 편집하면서 들리는 소리가 바깥에 지금 비가 오는 소리인지, 전 부치는 소리인지 구분이 되지 않는다. 타닥타닥, 지글지글, 토독토독. 기름에 튀겨지듯 익어가는 전의 사운드트랙.

그래서 무슨 전을 부쳤냐면 제일 좋아하는 전 베스트 1위와 2위를 차지하는 새우부추전과 김치전이다. 나머지 하나는 감자를 갈아서 수분을 제거하고 쫄깃하게 부친 감자전. 이상하게 항상 파전을 부치려고 장을 보러 가면 부추를 사게 된다. 익은 잔파의 단맛도 매우 좋아하지만, 역시 부추를 기름에 지졌을 때 특유의 맛에 푹 빠져있달까.

냉동 새우를 해동해서 가위로 송송 잘라 볼에 넣고, 부추도 가위로 송송 잘라 넣어서 튀김가루와 함께 버무린다. 그리고 물을 넣어서 가볍게 뒤섞는다. 가루와 물이 만나고 나면 많이 건드리지 않아야 전이 바삭해진다는 점은 다들 알고 있겠지?

저녁에 먹으려고 산 삼겹살을 한 줄만 꺼내서 가위로 잘게 잘라 볼에 넣고, 김치를 8분의 1 포기 꺼내서 가위로 잘게 잘랐다. 김치국물도 두어 큰술 붓고, 튀김가루를 탈탈 털어 넣고 골고루 섞었다. 나는 전을 만들 때도 부침가루보다 가벼운 질감의 튀김가루를 선호하는 편이다. 그리고 빗소리를 감상하듯 전이 익어가는 소리를 들으면서 그리들에 전을 부쳤다. 고구마 말랭이를 만들려고 사다 놨다가 캠핑장에 들고 온 채반에 종이타월을 깔고, 새우부추전과 김치전을 차곡차곡 얹고, 유자 막걸리를 땄다.

매콤하고 새콤한 맛이 강한 김치전에는 조금 단맛이 돌면서 상큼한 막걸리가 잘 어울린다. 사실 어떤 막걸리여도 잘 마셨겠지만. 시에라 컵에 따라서 홀짝홀짝 마시니 내내 그리웠던 것이 이 맛이었어! 하는 생각이 들면서 술이 술술 들어간다.

네 잔 정도 마시고 나니까 대화가 참 재미있었다. 기억은 잘 나지 않는다. 왜냐면 이야기를 하다가 그 자세 그대로 10분 정도 자고 일어났으니까. 눈을 뜨니까 아까까지 나와 대화를 나누던 사람이 핸드폰을 가지고 놀면서 내가 일어나기만을 기다리고 있었다. 좋은 주말이었다, 뭐 그런 이야기다.

# 수박 페타 샐러드

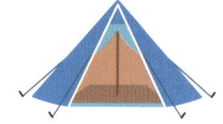

여름 캠핑이 시원해지는 단짠의 매력
자연을 벗 삼아, 하늘을 지붕 삼아

한여름 대낮의 캠핑장은 생동감 넘치고 떠들썩할 것 같지만 의외로 고요하다. 다들 개울가로, 수영장으로 떠나 땀을 식히거나 더위가 한풀 꺾일 때까지 최소한의 움직임만 유지하며 휴식하는 중이기 때문이다. 다들 이 태양볕에서 살아남으려면 물놀이와 시에스타가 필요하다는 사실을 본능적으로 느낀다. 어차피 오후 느지막한 시간이 되면 숨 쉬기 편한 온도의 바람이 불어오고, 저절로 가볍게 몸을 움직이게 되니까. 억지로 버티지 않고, 기력을 짜내지도 않고, 자연의 변화에 순응하며 즐기는 법을 터득하게 된다.

수박에 단짠의 매력이 특출나다는 것을 깨달은 것도 더위 덕분이다. 원래 그리스와 터키, 이집트 등지의 지중해 국가에서는 차

갑고 달콤한 수박에 짭짤한 맛이 특징인 양젖 페타 치즈를 곁들여 샐러드 등을 만들어 먹는다.

초등학교 시절 김춘수 시인의 시 〈차례〉를 배웠을 때는 '수박 살에 소금을 조금 발라 드렸으면 해요'라는 구절이 그리도 어색했다. 나이가 든 이후에도 어느 고장엔가에는 그리 먹는 사람이 있다는 말만 들었지 직접 시도할 생각은 없었다. 하지만 에어컨 대신 그늘 아래 자연 바람으로 흐르는 땀방울을 말리는 여름 캠핑을 통해 깨닫고 만 것이다. 갈증을 해소하고 탈수를 막아주는 달콤한 수박에 짭짤한 페타 치즈의 조합은 잃어버린 미네랄과 염분을 보충하는, 한여름의 신체가 본능적으로 사랑할 수밖에 없는 맛이라는 것을.

페타 치즈는 보통 잘게 부서지는 크럼블한 질감이라 수박을 깍둑 썰어 그 위에 양념과 함께 올려 먹는 것만으로도 충분히 단짠의 매력을 즐길 수 있다. 하지만 더 부드럽고 진한 맛을 느끼고 싶다면 터키식 오이 차지키<sub>오이와 요거트로 만든 차가운 소스</sub>를 먹을 때처럼 소스나 딥의 형태로 만드는 것이 좋다. 페타를 잘게 부순 다음 그리스식 요구르트나 사워크림, 소량의 다진 마늘(의외로 잘 어울린다), 후추와 레몬즙 등을 넣고 곱게 잘 섞는 것이다. 캠핑장에 믹서를 들고 다니는 사람은 없을 테니 포크 등으로 곱게 으깨는 것으로 충분하다. 페타 덩어리가 잘게 남아있으면 가끔 씹히면서 뚜렷한 짭짜름함을 선사해 그 또한 매력적이기 때문이다. 덧붙이자면 페타가 충분히 짠맛을 내니 소금을 추가할 필요는 없다.

하얀 페타 소스를 접시에 넓게 펴발라보자. 그리고 그 위에 깍둑 썰거나 동글동글하게 파낸 수박을 수북하게 얹는 것이다. 딜이나 민트 등 화한 허브가 있다면 잘게 뜯어 뿌려도 좋다. 수박은 껍질째 썰어서 찍어 먹게 해도 좋지만 한 입 크기로 썰어 딥에 얹어서 내면 포크로 깔끔하게 딥을 닦아내듯이 먹을 수 있다.

수박을 그릇 삼아 페타 딥을 떠서 입 안에 넣으면 달콤한 수박즙과 함께 짭짤한 페타의 유제품 풍미가 퍼지며 서로 끝없이 어우러진다. 비 내리는 장마철의 수박이라 조금 덤덤한 맛이 난다 해도 입 안에서 터지는 페타가 침샘을 자극하며 갈증을 해소시키는 중독적인 단짠의 궁합을 보여준다. 땡볕이 빼앗아간 활기를 이온음료만큼 빠르게 회복시킨다.

한여름의 캠핑이나 물놀이를 계획하고 있다면 페타 소스와 동글동글 파낸 수박을 각각 아이스박스에 담아 신나게 논 후에 입에 쏙 넣을 수 있게 준비해보자. 여름에는 수분과 염분이 우리를 살린다는 느낌을, 과연 수박살에 소금은 조상의 지혜였다는 사실을 깨닫게 해주는 계절의 미식이다.

> 레시피

# 수박 페타 샐러드

**재료**　　　　　수박 ¼통, 딜 또는 민트

**페타 딥 소스 재료**　페타 치즈 150g, 사워크림(또는 그리스식 요구르트) 3~5큰술, 다진 마늘 ½쪽 분량, 레몬즙과 후추 약간씩

## 만드는 법

1. 페타 치즈를 잘게 부수고 나머지 딥 소스 재료를 넣어 곱게 으깨며 섞는다. 레몬즙과 후추를 취향에 맞춰 넣는다. 농도는 사워크림이나 요구르트로 조절한다.
2. 접시에 페타 딥 소스를 바르고 그 위에 원하는 모양으로 썬 수박을 올린 다음 딜이나 민트를 뜯어 뿌린다.

단풍 캠핑

송편떡볶이

대하 소금구이

캠핑빵

잉글리시 머핀

수제 맥머핀

팥양갱 도넛

캠핑 커피

단체 캠핑

PART 3

# 가을

# 단풍 캠핑

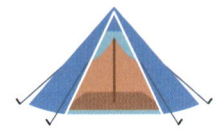

눈을 뜨니 그곳이 가을
단풍이 물드는 풍경

    캠핑카의 창문은 그 자체로 캔버스다. 지금 쓰는 캠핑카를 선택하는 데에 큰 영향을 미친 것 중 하나가 양쪽 벽에 큼직하게 자리잡은 창문이었다. 안전과 멀미 예방을 위해서 달리는 중에는 온 가족이 모두 앞좌석에 옹기종기 앉아서 노래를 부르고 게임을 하며 여행을 즐기지만, 일단 어디든 자리를 잡고 나면 탁 트인 창문이 없으면 컨테이너보다 작은 캠핑카 안은 답답하게 느껴진다. 캠핑카는 한정된 공간에 이것저것 채워 넣어야 하기 때문에 유난히 창문을 작게 낸 차도 많은데, 우리 캠핑카는 다른 모든 점도 매력적이지만 특히 양쪽 모두 가능한 정도 내에서 최대한의 크기로 창문을 냈다는 점이 장점이다.

    주말에 캠핑 일정을 잡고 나면 금요일 퇴근을 하자마자 이 모든 속세의 번뇌를 버리고 일단 집을 떠나고 싶다. 어스름하게 해가 진 도로를 달려 캠핑장에 도착하고 나면, 이미 주변에는 땅거미가 깔려 눈에 뵈는 것이 별로 없다. 대충 포장해온 음식으로 저녁을 먹고 쓰러져 잠든 후, 아침에 일어나 블라인드를 걷으면 눈앞에 새로운 풍경이 펼쳐진다.

  일단 집이 아닌 곳에서 눈을 뜬다는 점 자체로도 두근거리기는 한다. 솔직히 휴게소에서 자고 일어나 양쪽으로 아침부터 여기저기 놀러가는 사람들의 차량이 줄지어 서있을 뿐이라도 그중 하나라는 점이 좋다. 겨울철의 아무것도 살아있지 않은 것 같은 앙상한 나뭇가지의 직선이 그리는 그림자를 보는 것도 좋아하고, 똑같은 나뭇가지인데 초봄의 물이 살살 오르기 시작하는 느낌이 전해지는 것도 신기하다. 하지만 역시 보고 싶은 풍경을 고를 수 있다면 제일 최고로 치는 것이 단풍진 산자락일 것이다.

  원체 여름의 더위를 싫어해서 열대야가 끝나고 아침 저녁으로 선선한 바람이 불어오면 이제 좀 사람이 살 수 있는 기온이구나, 생각하는 나에게 가을이 무르익었음을 온몸으로 보여주는 단풍은 앞으로 너의 계절이 다가온다고 말해주는 것 같다. 오늘은 요만큼 노랗게 물들었다가 내일은 저기가 빨갛게 물드는 것도 재미있고, 테이블 위로 낙엽이 선물처럼 내려앉는 것도 즐겁다.

아, 단풍만큼 가을 캠핑의 묘미로 친다면 우연히 찾아간 캠핑장의 우리 사이트에 밤나무가 가지를 내리고 있는 것도 빼놓을 수 없다. 만일 그런 행운을 맞이했다면 아침에 어렴풋이 눈을 떴을 때 그 누구보다 빠르게 일어나 밤새 바람에 떨어져 쩍 벌어진 밤송이를 모으는 것을 잊지 말자. 밤송이뿐인가? 투둑투둑 나무 둥치 사방에 밤톨도 떨어져 있다. 밤나무 사이트를 확보하지 못한 옆집 텐트 꼬맹이가 아쉬운 눈길을 보내면 한줌 건네주기도 한다. 그래도 이럴 때를 위해 사둔 바구니가 한가득 차도록 밤을 줍는 재미는 내가 누리고 싶으니까. 그 정도라면 가을날의 달콤한 아침잠 정도는 포기할 수 있다.

# 송편떡볶이

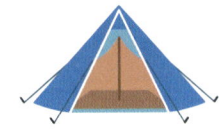

의외의 캠핑 대목 추석
캠핑장에서 추석을 보내는 법

 모든 캠퍼가 제일 처음 떠난 캠핑에서 만들었던 요리를 기억할까? 부지런히 마련한 캠핑용 조리도구에도 아직 익숙하지 않고, 바닥에 떨어진 식재료는 되살리기 힘들다는 사실을 깨닫게 되며, 생각보다 주방 동선이 많이 불편하다는 사실에 당황하는 첫 캠핑. 메뉴 선정도 준비도 지금 돌아보면 캠핑에 어울리지 않고 어색한 것이 많았다. 의욕은 넘치는 반면 현실적인 상황은 아직 파악하지 못했기 때문이다.

 잠자리도, 캠핑장에서의 하루도 낯설었던 첫 캠핑. 야트막한 산 한중턱이지만 신기하게 캠핑카로 진입이 가능했던, 탁 트인 전경의 캠핑장에서 좌충우돌하며 만들었던 첫 캠핑 요리를 나는 정확하게 기억한다. 아롱사태를 삶은 수육과 그 물에 익힌 부추,

이쑤시개에 맛살과 부채살과 실파를 꽂아 부친 산적, 그리고 송편 강정이었다. 전반적인 콘셉트랄까 배경 상황이 추석 연휴였기 때문이다.

어린 시절 우리 집은 제사를 지낼 때만 산적을 부쳤다. 집집마다 산적 레시피는 다르겠지만, 우리 집 버전은 맛살과 간장으로 양념한 소고기, 그리고 실파를 꽂는 것이다. 어릴 적부터 딱 이 메뉴가 내 담당이었는데, 철없을 때는 손에 잡히는 대로 끼워서 들쭉날쭉이었다가 나이가 들면서 고집이 생겨 맛살은 항상 빨간 부분이 앞을 보도록, 그리고 고기와 실파도 같은 크기로 썰어서 네모 납작한 모양이 되도록 집중한 기억이 선하다.

달걀옷을 입혀서 노릇노릇하게 부치고 한 입 베어 물면 부드러운 맛살과 짭짤한 소고기 사이로 달콤하고 촉촉한 실파의 채즙이 퍼진다. 손이 많이 가기 때문에 이제는 캠핑에서 만드는 일이 없지만, 추석 연휴에 떠난 우리 가족의 첫 캠핑에 대한 추억에는 꼭 이 산적을 끼워 넣고 싶었다. 내 추석의 기억을, 내 새로운 가족의 기억으로!

지금도 추석 캠핑을 떠날 때마다 만드는 추석 특식이 있다. 어릴 때는 만들어본 적도, 먹어본 적도 없지만 이제는 추석 캠핑을 대표하게 된 음식, 어린 시절 명절을 기다리게 만드는 것이 산적이었다면 추석 캠핑을 기다리게 만든 것이 바로 이것, 송편떡볶이다.

### 송편 강정 a.k.a 송편떡볶이

우리 동네에는 활발하게 운영 중인 재래시장이 있다. 일에 치여서 마음이 복잡할 때면 이곳만큼 마음을 풍성하게 해주는 산책로도 없을 정도다. 잘 나가는 재래시장이 그렇듯 입구에서 출구까지 떡집이 여섯 개 정도가 있다. 그중 제일 맛있는 집에서는 추석이 찾아오면 일주일 전부터 예약을 받는다. 송편 예약이다.

문제는 시장 안의 제일 맛있는 이 떡집에서 송편을 반드시 1kg씩만 판다는 것이다. 1kg! 깨송편을 사든 콩송편을 사든 상관없지만 기본적으로 1kg 단위씩 구입해야 한다.

식구가 세 명 밖에 되지 않아도 캠핑장으로 가지고 떠난 송편은 1kg. 평범하지만 가장 맛있는 말랑말랑한 시기가 지나도 송편의 양은 거의 반도 줄어들지 않는다. 멥쌀가루로 빚은 송편은 하루만 지나도 처음 빚어냈을 때의 쫀득하고 말랑한 느낌을 잃고 퍼석퍼석 딱딱해진다. 하지만 그래도 괜찮다. 왜냐하면 추석 다음날이 되면 살짝 마르고 단단해진 송편으로 떡볶이를 만들기 때문이다.

프랜차이즈 떡볶이 브랜드에서 쉽게 볼 수 있는 떡 옵션으로 치즈떡이 있다. 얼마 전에 즉석떡볶이 전문점에 갔을 때는 치즈와 함께 옥수수까지 집어넣은 '콘치즈떡'이라는 신문물도 봤다. 치즈떡은 이미 '쌀떡파'인가, '밀떡파'인가의 논란에서 벗어난 제3의 존재라고 생각한다.

 송편으로 떡볶이를 만들면 역시나 그런 취향에서 벗어난 '맵단짠'의 대통합을 맛볼 수 있다. 매콤달콤한 떡볶이 소스가 착 배어든 멥쌀떡 속에서 달콤하고 고소한 참깨소가 터져 나오기 때문이다. 송편 강정이라고 할 수도 있지만 역시 고추장 소스에 버무린 쌀떡은 완벽한 떡볶이의 분류에 들어가야 한다고 본다.

 재미있게도 우리 집 캠핑에서만큼은 그냥 송편보다 송편떡볶이의 인기가 더 높다. 평범한 추석 연휴와 특별한 추석 캠핑이라는 분위기의 차이 때문일까? 밥을 먹고 그냥 과일과 떡을 꺼내면 열심히 먹는 사람은 나뿐이지만 매콤하게 볶아 놓으면 식구들의 젓가락질이 빨라진다. 이래서 송편 1kg은 사야 한다니까, 하고 뿌듯해지는 순간이다.

 그래서 추석 캠핑을 기념하는 송편떡볶이는 어떻게 만들까? 우선 떡볶이 소스를 평소보다 조금 단맛이 돌게 배합한다. 다진 마늘의 양은 살짝 줄이는 것이 좋다. 그리고 그리들에 식용유를 두르고 불에 올려 딱딱해진 송편을 넣는다. 굴려가면서 골고루 노릇노릇, 바삭바삭해지도록 지지면 송편이 다시금 따끈따끈 말랑말랑해진다. 소스가 타지 않도록 물을 살짝 부은 다음 준비한 떡볶이 소스를 붓는다. 전체적으로 살짝 졸아들어 버무려질 때까지 볶고, 땅콩가루를 뿌려서 내면 완성이다.

깨송편이고 콩송편이고 밤송편이고, 이제는 송편을 일부러 남겨서라도 떡볶이를 만든다. 솔직히 추석 캠핑에서 돌아오고 나면 한동안 기억이 나서 주기적으로 송편을 사러 다시 떡집에 들리기도 한다. 밥 대신 송편으로 탄수화물을 채운다면 괜찮지 않을까? 주객전도가 되었지만 어쨌든 새로운 추석 캠핑의 추억으로 자리 잡은 '남은 송편 해치우기', 송편떡볶이다.

( 레시피 )

# 송편떡볶이

**재료**  남은 송편 약 15개, 식용유, 물, 땅콩가루

**소스 재료**  고추장 2큰술, 케첩 1작은술, 물엿 1큰술, 간장 ½작은술, 다진 마늘 1쪽 분량

## 만드는 법

1. 그리들에 식용유를 두르고 불에 올린 다음 송편을 넣는다.
2. 모든 소스 재료를 잘 섞는다.
3. 송편을 골고루 노릇노릇하게 지진 다음 물을 약간 붓는다.
4. 소스를 넣어서 잘 버무린 다음 살짝 졸아들 때까지 골고루 잘 볶는다.
5. 땅콩가루를 뿌려서 낸다.

# 대하 소금구이

캠핑장에서 여는 축제
가을 축제의 꽃 레몬 허브 대하 소금구이

### 축제라면 소금구이지

 어린 시절 방문한 지역 축제와 여행에서 가장 기억에 남은 음식은 대하 소금구이였다. 특히나 남해의 지역 특산물 축제는 해산물이 주제가 되는 곳이 많다. 팬에 굵은 소금을 잔뜩 깔고 신선한 대하를 쏟아 부은 후 김이 오르도록 찌면서 예쁜 분홍색으로 변하는 모습을 지켜본 기억이 생생하다. 왜 굳이 소금인지, 왜 이렇게 익히면 달콤하고 짭쪼름한지 궁금해하면서 채 식기도 전에 열심히 껍질을 깠다.

 르 꼬르동 블루에 들어갔을 때도 소금 크러스트 메뉴를 배우는 날을 고대했다. 소금 크러스트는 우리가 흔히 먹는 대하 소금구이와는 조금 다르다. 시작은 기원전 400년까지 거슬러 올라간다고 하는데, 소금에 물이나 달걀흰자 등을 섞어서 소금 반죽을 만들어 그 안에 닭이나 채소 같은 식재료를 넣어서 굽는 방식이다. 첫 학기가 시작되면 배우게 될 요리 목록을 받는데, 그중에 소금 크러스트 닭구이가 있었다. 이건 도대체 왜 하는 것이고, 맛이 어떤지 궁금해 견딜 수가 없었다.

배우고 난 후의 결론만 말하자면 지금도 소금 크러스트 구이는 정말 좋아한다. 먹는 것도 좋지만 만드는 과정이 아이들 촉감 놀이처럼 음식으로 장난을 하는 것 같아서 사람의 기분을 고양시킨다. 물론 이 귀찮은 과정을 굳이 하는 데에도 이유는 있다. 소금은 단열재 역할을 해서 오븐에 넣었을 때 그 속에 있는 식재료가 평소보다 천천히 오랫동안 익게 하고, 삼투압으로 자연스럽게 간이 배도록 한다. 건조하지 않고 촉촉하면서 풍미가 살아나는 식으로 익히는 것이다.

다만 소금 간이 계속해서 배기 때문에 큼직한 식재료를 주로 사용하는 것이 안전하다. 다 익힌 후에는 소금 크러스트를 빠르게 해체해야 닭이든 채소든 '소태'가 되지 않는다. 되도록 빨리 식탁에 차려서 좌중의 감탄을 이끌어낸 다음, 후다닥 깨버려야 한다.

### 식탁이 화려해지는 소금구이

소금 크러스트에 비하면 우리식 소금구이는 아주 간편하고 효율적이다. 일단 소금에 수분을 첨가해서 소금반죽옷을 만들어야 할 필요가 없다는 점이 마음에 든다. 만드는 것이 재미는 있지만 번거롭고, 식재료에 입히면 무겁고 축축하며 오븐에서 나온 직후에는 뜨거운 폭탄이나 다름없다. 오븐 같은 공간이 있어야 할 수 있다는 것도 번거로움에 한 몫 한다. 가끔 프로젝트성 요리를 하거나 손님을 초대할 때 꺼내게 되는 레시피랄까?

하지만 소금구이는 사실상 소금과 식재료만 있으면 어디서나 만들 수 있다. 오븐처럼 대단한 조리 기구가 필요한 것도 아니라서 열원과 팬만 있으면 완성된다. 짧은 기간 동안 많은 손님이 몰리는 축제에서 선택하기에 제격인 셈이다.

그런 조건은 일상 속의 축제와 같은 캠핑에도 당연히 적용된다. 와르르 부어서 익히면 다들 신나 하면서 껍질을 까먹는 음식! 게다가 눈밭처럼 새하얀 소금과 분홍빛으로 곱게 익은 대하의 조화는 안 그래도 자연광에서 뭘 차려도 맛있어 보이는 캠핑 식탁을 아주 화려하게 장식한다. 분위기를 끌어올리고 싶을 때 아주 편리한 음식이다.

대하 소금구이에서 바닥에 까는 소금은 고온에서도 녹지 않는 만큼 복사열을 천천히 전해서 새우가 타지 않고 고르게 익게 한다. 익으면서 생기는 수분도 소금이 흡수해 흥건하고 축축하게 익는 대신 적당한 수분이 껍질 속에 머무르는 상태로 익게 된다. 잡내를 잡아주는 역할은 덤이다. 사용한 다음 거의 버리게 되는 것이 흠이지만 그래도 너무 얇게 깔면 대하와 대하에서 흘러나온 수분이 바닥에 닿아서 소금의 역할이 유명무실해지니 어느 정도 두께가 있도록 깔아주는 것이 좋다.

또 한 가지, 소금구이의 소금은 소금 크러스트와는 달리 짧은 시간 껍질째 익히고 거의 바로 새우를 들어내 먹기 때문에 소금 간의 역할은 거의 하지 않으므로 원하는 소스를 곁들이는 것이 좋다. 대신 소금 크러스트를 만들 때처럼 소금에 가향 재료를 섞는 시도를 해보는 것도 재미있다. 가장 만만하게 넣기 좋은 것이 해산물과도 잘 어울리는 레몬과 허브다. 허브를 넣을 때는 로즈메리나 타임처럼 줄기가 탄탄하고 익혀도 향이 오래가는 것을 고르도록 한다.

소금에 넣고 남은 레몬을 숭덩숭덩 썰어서 껍질을 벗긴 대하에 뿌리고 초장이나 스리라차, 마요네즈 소스를 찍어서 먹으면 캠핑장에서 축제를 열고 있는 기분이 든다. 가장 간단하게 제철 대하를 즐기는 법, 세상 간단하게 신나게 먹을 수 있는 가을 축제 요리다.

**레시피**

# 대하 소금구이

**재료**　　굵은 소금 500g, 레몬 1개, 로즈메리 3~4줄기, 대하 10~12마리, 초장 또는 스리라차 소스

**만드는 법**

1. 레몬은 반으로 잘라서 송송 썬다.
2. 굵은 소금에 레몬 ½개 분량과 로즈메리를 넣고 잘 섞는다.
3. 구이바다 전골팬에 레몬 허브 소금을 깐다. (바닥에 알루미늄 포일을 한 장 깔면 치우기 쉽다.)
4. 수염과 다리, 물총을 제거한 대하를 그 위에 올린다.
5. 뚜껑을 닫고 불에 올려서 대하가 전체적으로 핑크색이 될 때까지 가열한 다음 불에서 내린다.
6. 남은 레몬과 초장 또는 스리라차 소스를 곁들여서 뿌려 먹는다.

# 캠핑빵

캠핑과 빵을 사랑하는 내가
캠핑장에서 빵을 먹는다면…

솔직히 누가 안 그렇겠냐마는(뻔뻔) 나는 빵을 좋아한다. 먹는 것도 좋아하고, 맛있는 빵집을 찾아다니는 것도 좋아하고, 직접 빵을 굽는 것도 좋아하고, 빵 굽기를 준비하는 것도 좋아해서 발효종도 키웠다(지금은 발효종이 장엄하게 사망해서 다시 키워야 하지만). 오죽하면 바게트를 좋아하는 마음에 바게트에 대한 에세이도 한 권 냈다.

운동을 시작하고 제일 좋은 점은 체력이 생겨서 기계 없이 끝까지 손으로 빵 반죽을 할 수 있다는 점이다. 또 하나는 근력이 생기고 칼로리를 소모한 만큼 빵을 걱정 없이 먹을 수 있다는 점이다. 이십 대 때는 몰랐다. 빵을 속 편하게 먹으려면 운동을 해야 한다는 사실을. 탄수화물을 사랑하는 자, 운동을 하라.

아무튼, 빵의 모든 것을 사랑하면 빵이 탄생하는 순간도 사랑하게 된다. 그리고 나는 캠핑도 사랑하지. 캠핑에서 갓 구운 빵을 먹으면 나는 얼마나 행복해질까? 그런 생각을 하지 않을 수 없다. 캠핑을 본격적으로 준비하는 순간부터 야외에서 빵을 굽고 먹을 수 있는 모든 방법을 정리하고 준비하기 시작했다. 나의 목표는 이왕 모두가 장작불을 때고 있을 때 고기 옆에서 빵을 굽는 것이 얼마나 간단하고 즐거운 일인지 직접 보여주는 것이다!

아직 즐길 날이 많은 캠핑 라이프만큼 캠핑빵 프로젝트도 한참 하고 싶은 것이 많은 상태다. 직접 빵을 굽는 이야기일 때도 있고, 버거번처럼 캠핑에서 먹기 좋은 빵을 필요한 만큼만 구워가는 이야기이기도 하다. 무엇이든 빵 레시피와 활용법을 차곡차곡 정리하겠어, 그런 마음이다. 오븐 없는 야외에서 구울 수 있는 빵은 집에서도 구울 수 있으니까!

### 무쇠 냄비 시골빵 도전기

내가 제일 자주 만드는 빵은 일반 시골빵이랑 포카치아 류다. 옛날 유럽에는 마을의 공동 오븐이 있어서 반죽을 가져가 구워오고 했다는데, 피자 화덕도 그렇고 장작 등으로 온도를 높여 야생적인(?) 야외 환경에서 무언가를 굽는 것에 대한 로망이 좀 있었다. 집에서 가정용 오븐으로 온갖 짓을 다 해도 망할 빵은 망하고 크러스트가 원하는 만큼 딱딱하거나 멋지게 갈라지지 않는 등 여러 문제가 생긴다. 하물며 밖에서 통제하지 못하는 불로 만드는 빵은 더 심하겠지. 하지만 그 부분이 매력인 것이다! 왠지 밀가루와 물, 불만 있으면 사람을 먹여 살릴 수 있을 것 같고 전지전능해진 것 같고 그런 기분이 들지 않을까?

뭐 그렇게 거창하지는 않다 하더라도 그냥 재밌다. 캠핑을 시작한 이후로 내내 진짜 빵을 굽고 싶었다. 그러다 겨울이 되고 화목 난로를 사서 장작을 때보니 빵을 구울 수 있겠다 싶은 것이다! 일단 길쭉한 스테인리스 트레이에다 넓게 편 플랫브레드 반죽을 올려서 넣어봤는데 30초 만에 난이 완성됐다. 이건 된다!

그래서 내가 뭘 했냐면 적외선 온도계를 샀다. 나는 캠핑빵에 진심이라고요. 화목난로랑 장작불에 계속 총처럼 생긴 적외선 온도계를 들이밀고 온도를 재는데 아, 너무 재밌어! 사길 잘했다!

일단 기본 빵부터 구워보기 위해 밀가루와 물, 이스트, 소금만 들어가는 레시피로 피크닉 매트에 퍼질러 앉아 볼을 끌어안고 반죽하고, 발효시키고, 동글동글 빚어서 다시 발효시켰다. 여기서 2차 발효 중에 롯지 더치 오븐을 화목난로에 올려서 달궜다. 그리고 가끔 열어서 적외선 온도계를 쏴보고 온도를 체크했다.

조금 전에 90도였는데 140도까지 오르고, 170도가 되고, 놀랍게도 빵을 굽기에 충분한 온도까지 오르기는 올랐다. 물론 장작을 주기적으로 잘 보충하고 불을 잘 확인해야 하기는 한다. 근데 그건 뭐 당연한 거니까.

그래서 발효가 잘된 반죽을 유산지째로 무쇠 냄비에 집어넣고 30분 정도 구웠다. 열어보니 바닥은 살짝 탔는데 위는 아직 덜 익어서 급한 대로 뒤집었다. 이 삼층밥 현상은 어떻게 해결해야 하지? 불이 너무 센가? 뚜껑을 닫고 위에 숯을 올리고 아래 온도는 좀 낮추는(뭘 깔든) 식으로 하는 것이 나을 수도 있겠는데, 그럼 일단 숯을 달궈야겠고. 이번엔 장작만 썼으니까. 오, 돌을….

일단 아무튼 결론만 이야기하자면 첫 시도는 90% 성공이었다.

왜냐하면 첫째, 위아래로 껍질은 조금 탔고 둘째, 불에서 내리고 뚜껑을 계속 닫아두는 바람에 습기가 차서 나머지 껍질은 눅눅해졌지만 셋째, 마음에 드는 질감으로 잘 익었기 때문이다. 이제는 이 나머지 10%를 어떻게 해결해야 하는데, 아직 고민 중이다.

이번 빵은 같이 테스트했던 즉석 딸기잼을 얹어서 다음 날 아침으로 먹었다. 이 딸기잼도 설탕 분량을 조금 더 조절해야 할 필요가 있겠어. 하지만 레시피는 이렇게 조절하는 과정 자체가 재미다. 캠핑빵 도전은 나의 체력과 캠핑 라이프와 함께 계속된다. BREAD MUST GO ON.

# 잉글리시 머핀

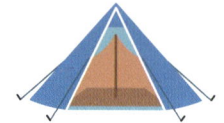

오븐 없이 굽는 빵
고소한 껍질과 쫀득한 속살의 매력

잉글리시 머핀은 외국 월마트에 가면 식빵처럼 긴 비닐에 담아서 팔고 있는 흔한 식사용 빵이지만, 우리나라에서는 쉽게 볼 수 없었다. 하지만 맥모닝이 등장하면서부터 이야기가 달라졌다. 아침 시간대에만 주문할 수 있는 맥도날드의 아침 메뉴, 맥모닝은 햄버거번과 다르게 전체적으로 고른 두께의 동글납작한 빵을 사용한다. 그 빵이 바로 잉글리시 머핀이다.

기본적으로 잉글리시 머핀은 동글납작하게 빚어서 굽는 영국의 빵이다. 주로 포크나 칼을 이용해 가로로 반을 잘라서 구워낸다. 버거처럼 짭짤한 내용물을 넣어서 한손으로 잡고 먹기에도 딱이고, 그냥 식빵 토스트처럼 버터나 잼만 발라서 먹어도 맛있다. 만약에 맥모닝으로만 잉글리시 머핀을 접했다면 한번쯤 구워서 먹어보는 것을 추천한다. 약간 쫀득하고 고소한 맛이 물리지 않아서 계속 이것저것 끼워 먹어보고 싶어지니까.

캠핑에서 만든다는 전제에서 잉글리시 머핀의 가장 큰 장점을 꼽는다면 오븐 없이 팬에 구울 수 있다는 점이다. 반죽을 빵처럼 해서 발효시킨다는 것뿐이지, 굽는 과정은 조금 두꺼운 호떡이나 팬케이크처럼 앞뒤로 옥수숫가루를 묻혀서 프라이팬에 천천히 구워낼 뿐이다. 그러면 일반 토스트나 버거번처럼 다양하게 활용할 수 있는 빵이 완성된다.

네 개 정도 분량으로 소용량으로 만들면 반죽하기에도 크게 힘들지 않고, 초가을 즈음의 날씨에는 밖에서도 발효가 정말 잘된다. 기억해야 할 것은 특유의 앞뒤로 서걱서걱한 질감을 주는 옥수숫가루나 세몰리나 듀럼밀을 제분해 만든 밀가루 가루를 가져가서 굽기 전에 반죽 앞뒤에 묻히는 것, 그리고 프라이팬에서 아주 천천히 굽는 것이다.

나도 네 개 중에 두 개는 한 면을 자주 태우기 일쑤지만, 그런 정도에 굴하지 않는다. 실제로 탄 부분만 싹 떼어내고 먹었다. 그래도 맛있다는 건 내가 제일 잘 아니까! 고소한 껍질과 쫀득한 속살의 조합이 매력적인 잉글리시 머핀이다.

## 레시피
# 잉글리시 머핀

**재료(4개 분량)**   우유 100g, 버터 15g, 설탕 10g, 소금 ¼작은술, 이스트 3g, 밀가루 140g, 덧가루용 옥수숫가루 또는 세몰리나

### 만드는 법

1. 우유를 따뜻하게 데워서 이스트와 설탕을 넣고 잘 풀어 섞는다. 10분 정도 둔다.
2. 볼에 녹인 버터와 소금, 밀가루, 우유 혼합물을 넣고 잘 섞는다. 매끄럽게 한 덩어리로 뭉쳐질 때까지 반죽한다.
3. 볼에 반죽을 넣고 랩을 씌워서 두 배로 부풀 때까지 1시간 30분 정도 발효시킨다.
4. 반죽을 꺼내서 4등분한 다음 동글납작하게 빚어 옥수숫가루를 뿌린 트레이에 담는다. 덮개를 씌워서 30분 더 발효시킨다.
5. 구이바다 또는 무쇠팬을 뜨겁게 달군 다음 불 세기는 약하게 낮춘다.
6. 준비한 반죽을 넣고 주기적으로 뒤집으면서 총 15분 정도 굽는다.

# 수제 맥머핀

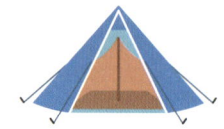

잉글리시 머핀으로 만드는
초간단 '맥애프터눈'

잉글리시 머핀을 구웠으면 당연히 맥머핀을 만들어야 하지 않을까? 비록 시간은 오후 3시였지만. 그래서 맥모닝이 아니라 '맥애프터눈' 간식으로 달걀을 풀기 시작했다. 어떤 맥머핀을 만들었는가 하면 치즈 스크램블드 에그. 소시지 패티는 만들지 않았고, 베이컨은 챙겨오는 것을 까먹었고, 달걀프라이보다는 오믈렛이 머핀에 어울린다고 생각하기 때문이다.

그래서 달걀에 소금과 후추 간을 하고 물을 조금 섞어서 곱게 풀고, 구이바다에 전골팬을 올리고, 오일을 둘러서 가열했다. 달걀물을 풀어서 이리저리 휘젓다가 잉글리시 머핀 크기로 두 뭉치가 되도록 슬슬슬 모은다. 뒤집지 않고 그대로 천천히 위까지 익도록 기다린 다음에 체다 치즈를 한 장 올려서 녹인다.

이때 불이 세지 않아야 바닥도 질긴 껍질이 생기지 않는다. 아래도 부드러운 상태로 위쪽까지 익을 수 있도록 잉글리시 머핀을 구울 때처럼 천천히 익히자. 필요하면 뚜껑을 잠깐 닫아도 좋다.

잉글리시 머핀은 역시 포크로 갈라야 제맛. 빙글빙글 돌려가면서 포크로 가운데를 팍팍 찍어서 반으로 갈라 뜯어낸 다음, 아래쪽 머핀에 마요네즈를 약간 바르고 치즈 스크램블드 에그를 얹어 위쪽 머핀을 얹는다. 초간단 단백질 보충 맥머핀 완성!

순식간에 먹어치웠다. 만드는 건 10분, 먹는 건 2분… 그런데 여전히, 이 글을 쓰고 있는 지금도 먹고 싶어진다. 맛있었다는 이야기가 아닐까.

# 팥양갱 도넛

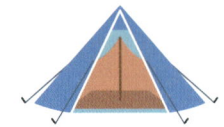

내가 먹고 싶었던 건
달디단 팥양갱 도넛

캠핑을 처음 떠나면 '내가 가져오지 않은 물건은 없는 채로 살아야 한다'는 사실을 깨닫게 된다. 아무리 계획을 세우고 짐을 싸도 가면 없는 물건이 있고, 두고 온 물건이 있고, 생각지도 못한 순간에 떨어지는 물건이 있다. 저번 캠핑에는 달걀을 깜빡해서 팬케이크를 부치지 못했기 때문에 이번에는 10개씩 챙겼더니 정작 타월을 두고 오는 식이다.

### 캠퍼의 만능 해결사 유전자

하지만 캠퍼는 이런 크고 작은 비상 상황을 해결하고, 없으면 없는 대로 살 수 있다는 걸 깨닫고, 다음부터는 만반의 준비를 하는 우리의 모습에 스스로 뿌듯함을 느낀다.

굳이 발생하지 않은 캠핑에서의 위기 상황을 가정하고 비상용품이라는 명목의 쇼핑을 해놨다가 쓸 일이 생기기를 기다리기도 한다. 펙땅에 박아 텐트를 고정하는 도구을 잃어버려서 스트레치 코드<sub>물건을 매달거나 고정시키거나 연결시키는 데 사용하는 끈</sub>와 캠핑장 나무만으로 그늘막을 고정시켰을 때, 얼마나 맥가이버가 된 기분이었는지! 쓸 일이 없어 잠자고 있던 만능 해결사 유전자를 깨우는 느낌이다.

그래서 캠퍼의 짐은 그들이 어떤 비상상황을 겪었는가에 따라 구성이 달라진다. 주방 짐도 마찬가지다. 나는 항상 다른 캠퍼의 주방이 궁금하다. 어떤 요리를 좋아하고 어떤 가열원을 좋아하는지에 따라 다들 다른 물건을 들고 다니니까.

### 팥양갱 도넛 비상사태

그렇다면 내 캠핑 주방의 머스트 해브 아이템은 무엇일까? 바로 베이킹 재료다. 우리 주방의 위기 상황은 주로 내 머릿속에서 발생하는데, 갑자기 '도넛이 먹고 싶다'는 계시가 내려오기 때문이다. 뱃속의 빵 비상사태다.

분명 점심과 저녁 메뉴를 다 정해놓고 장도 꼼꼼하게 봐왔는데, 아침에 일어나면 갑자기 빵이 먹고 싶고 갓 튀긴 꽈배기가 그렇게 맛있을 것 같다. 그러면 이제 그나마 반죽할 시간이 있는 아침에 생각나서 다행이라고 안도하면서 짐을 뒤지는 것이다. 어디 보자, 뭐가 있나.

다행히 뼛속까지 빵순이인 나 스스로를 잘 알고 있기 때문에 내 짐에는 항상 베이킹 파우더와 베이킹 소다, 인스턴트 이스트가 전부 들어있다. 어떤 팽창제가 필요한 빵이 먹고 싶을지 그 순간이 되지 않으면 알지 못하니까! 믹스가 없는데 팬케이크가 먹고 싶으면 베이킹 파우더를 꺼내야 하고 맥머핀을 만들려면 인스턴트 이스트가 필요하다. 심지어 전자 저울과 적외선 온도계도 있다. 계량 없는 베이킹은 성립할 수 없는 단어이고, 캠핑에는 온도를 맞출 수 있는 전기 오븐이 없으니까.

그해 처음으로 최고기온이 15도를 넘어가던 어느 캠핑날은 원래 점심 간식으로 튀김을 먹을 예정이었다. 채소를 손질하고 탄산수를 부어 튀김옷을 만든 다음 바삭바삭 튀겨내 레몬과 다진 마늘을 뿌려 먹는 맛. 그런데 아침을 먹고 앉아서 튀김을 튀기는 과정을 머릿속으로 떠올리고 있자니 같은 튀김 기름에 둥둥 떠서 노릇하게 익어가는 도넛이 생각나는 것이다.

갓 튀긴 도넛! 달걀과 설탕과 버터를 넣어서 진하고 달콤한 반죽! 시나몬 설탕을 솔솔 뿌려서 '겉바속촉'으로 한 입! 엄마가 다 됐다고 부르기도 전에 식탁에 앉아서 이제나 저제나 기다리던 추억! 필요한 재료가 다 있나? 이스트도 있고 달걀도 있고, 설탕은 항상 있고, 구석에 박혀 있는 이 시나몬은 언제 썼던 거지? 버터는 왜 있지? 일단 만들어보자.

그런데 나는 팥도넛이 좋은데. 아무리 나라도 비상용 팥소를 들고 다니지는 않잖아. 하지만 놀랍게도 마트에서 사온, 당시 한창 인기인 '연양갱'이 있었다. 이것이 나의 비상용 팥소다.

캠핑에서 하는 빵 반죽은 조금 다르다. 덧가루를 뿌리고 힘차게 밀어가며 반죽을 하기에는 테이블이 넓지 않거나 튼튼하지 않기 때문이다. 그럴 때 떠올려야 하는 것이 바로 스탠드 믹서다. 갈고리처럼 생긴 후크를 무심하게 돌리면서 반죽을 대신해주는 스탠드 믹서는 볼 하나를 올려두는 공간만 있으면 제 몫을 해낸다. 하지만 노지에 나가면 스탠드 믹서가 없고, 있더라도 쓸 수가 없다.

그렇다면 내가 비상용 스탠드 믹서가 되는 방법이 있다. 볼에 반죽 재료를 넣고(그렇다, 베이킹용 법랑 볼 세트도 우리 집에서는 비상용 캠핑 아이템이다) 마치 내 팔이 스탠드 믹서의 후크가 된 것처럼 볼을 돌려가며 반죽을 치댄다. 이게 생각보다 재미있다. 스탠드 믹서의 입장이 되어서 생각하게 된달까, 이 단순한 움직임을 통해서 진짜 반죽이 된다는 점을 깨닫게 된달까, 나와 달리 기계는 지치지 않아줘서 고맙다고 생각하게 된달까.

  반죽하고 세 시간 정도 발효시키고 나면 딱 간식이 생각날 시간이 된다. 반죽을 적당량씩 뜯어서 깍둑 썬 연양갱을 넣고 동글동글 빚은 다음 2차 발효를 시키면서 튀김 기름을 불에 올린다. 이왕 튀김을 할 생각이라면 기름을 쓰는 김에 도넛이나 꽈배기도 꼭 만들어보자. 튀김은 오븐이 없는 공간에서 아주 쉽고 간단하게 달콤한 베이킹을 할 수 있는 고마운 기술이다. 온도만 맞추면 순식간에 속까지 보송보송하게 익힐 수 있다.

  선선한 바람을 맞으면서 갓 튀긴 달콤한 도넛을 먹는 즐거운 추억을 남기는 것은 덤이다. 순식간에 완성된 도넛을 건져 기름을 빼고, 시나몬 설탕을 앞뒤로 넉넉히 묻혀서 한 입 베어 무는 순간. 이 도넛을 먹지 못한다면 그것이 바로 캠핑 도넛 비상사태가 아닐까?

## 레시피

# 팥양갱 도넛

**재료**  드라이 이스트 6g, 우유 120ml, 설탕 25g, 중력분 250g, 소금 2g, 무염버터 40g, 달걀 1개, 양갱, 튀김기름, 여분의 설탕과 시나몬 파우더

### 만드는 법

1. 우유를 살짝 데워서 이스트를 넣고 5분 정도 둔다.
2. 중력분, 설탕, 소금, 녹인 버터에 우유 이스트 혼합물을 붓고 매끄러운 상태가 될 때까지 반죽한다.
3. 3시간 동안 발효시킨 후 두 배로 부풀면 적당량씩 떼어서 깍둑 썬 양갱을 하나씩 넣고 동글게 빚는다. 꽈배기를 만든다면 길게 빚어서 꽈배기 모양으로 빚는다.
4. 2차 발효를 20분 정도 시킨다.
5. 튀김 기름을 175도로 가열한다. 도넛이나 꽈배기를 넣고 한 번 뒤집어가면서 노릇노릇해질 때까지 한 면당 45초~1분 정도 튀긴다.
6. 건져서 철망에 얹어 기름기를 제거한 다음 설탕과 시나몬 파우더를 섞은 시나몬 설탕을 앞뒤로 묻혀서 먹는다.

# 캠핑 커피

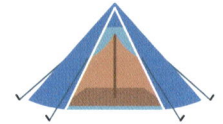

귀찮음의 3단계
캠핑 커피 난이도

나이가 드니 친구를 만날 때도 신경 쓰이는 것이 많다. 특히 그때는 몰랐지만 지나고 보니 가장 팔팔했던 시절인 대학생 때를 함께한 친구를 만나면 실감이 난다. 어느샌가 부모님이 여기저기 아프기 시작한 이야기부터 우리 몸이 고장 나기 시작하는 이야기를 하다, 슬슬 누구는 당을 조절해야 하고 몇 시 이후로 커피를 마시면 잠을 이루지 못한다는 말을 들으며 메뉴를 고를 때에도 맛있으면서 건강한 곳 위주로 선택하게 된다.

아마 이걸 말하는 지금도 아직은 젊은 시기이고, 수 년이 지나고 나면 또 다른 걱정거리가 삶에 찾아오게 되겠지. 하지만 뭐든 처음 노화가 시작되고 처음 신경을 쓰기 시작할 때가 걱정도 제일 두드러지기 마련이니까.

나 역시 콜레스테롤을 체크하고 예전보다 소화력이 떨어지고 단것이 (비교적) 덜 당기게 되었지만, 어찌된 영문인지 아직까지 카페인에 대한 민감성은 강해지지 않았다. 하나를 주고 하나를 받는 식의 계산은 아니겠지만, 유당과 유산균에 대한 민감성은 강해져서 요거트와 낫토를 한날한시에 먹으면 뱃속에 난리가 나는 것과 달리 밤 8시가 넘어서 커피를 들이켜도 수면의 질은 카페인과 크게 연관성을 가지지 않는다.

정말로 천만다행이자 곧 카페인에 민감해지는 날이 오기 전에 충분히 즐기자는 생각을 한다. 커피의 맛에 있어서는 전혀 미식가가 아니라 아무 커피나 주면 감사하게 마시는 사람이지만, 커피 자체를 매우 좋아해서 해외여행 중에 아이스 아메리카노를 크게 한 모금 마시면 그 어떤 한식보다 공허한 마음이 채워지는 기분을 느끼기 때문이다. 커피 주는 사람, 좋은 사람.

도심에서는 거의 모든 거리에 한 골목마다 저가커피 프랜차이즈가 자리하고 있다. 하지만 캠핑장에서 결제를 하자마자 손에 쥐어지는 아이스 아메리카노를 마시기는 거의 불가능하다. 그래서 언제나 캠핑용 폴딩박스를 뒤지면 커피를 마실 수 있도록 준비해가는 것도 일이다. 이때는 아무래도 내 몸을 움직이지 않으면 커피가 생겨나지 않기 때문에 귀찮음과 피로도, 그리고 아무리 나라도 맛에 대해 어느 정도까지 타협할 수 있는지에 따라 그 날의 커피 종류가 달라진다.

### 귀찮음 3단계: 믹스커피

사실상 최저점의 타협안이다. 차라리 달콤한 맛에 마시는 설탕과 프림이 들어간 믹스커피라면 아이스 바닐라 라테가 당길 때처럼 아예 다른 음료라고 생각하고 마시겠다. 하지만 어릴 적에 엄마가 찬장에서 꺼내던 테이스터스 초이스 유리병처럼 과립 분말 커피를 물에 타서 마시는 것만큼은 정말로 너무 피곤하고 귀찮을 때가 아니면 잘 꺼내고 싶지 않다.

꼭 커피를 마시고 싶을 때를 대비해서 캠핑 짐 안에 과립 블랙커피, 달콤한 믹스커피, 찬물에도 잘 녹는 아이스 전용 믹스커피 스틱이 모두 마련되어 있다. 말하자면 비상용 커피다.

### 귀찮음 2단계: 드립백 커피

각양각색의 브랜드에서 원두와 더불어 생산하기 시작해 매우 즐거운 제품 중 하나다. 봉지를 뜯으면 한 봉에 한 컵의 커피를 내릴 수 있는 원두 커피 가루를 채운 드립백이 들어있다. 봉지의 안내에 따라 뜯고 조립해서 머그잔 위에 얹기만 하면 뜨거운 물을 부어 드립 커피를 내릴 수 있다.

다만 시에라 컵 등 컵의 모양과 크기에 따라 드립백을 안정적으로 얹기 힘든 경우가 있는데, 그럴 때를 위해서 철사를 꼬아 만든 형태의 드립백 거치대를 인터넷에서 쉽게 살 수 있다. 이동식 커피 그라인더가 없지만 드립 커피, 아이스 커피를 손쉽게 마시고 싶다면 가장 추천하는 형태다. 물만 끓이면 마실 수 있는 최대한의 아웃풋 커피다.

### 귀찮음 1단계: 커피 그라인더

가장 덜 귀찮고 커피 향은 제대로 맡고 싶을 때 꺼내는 도구다. 물론 캠핑용 그라인더를 따로 구입하지는 않아서 집에서 가져오는 것을 깜박 잊어버리지 않았을 때 가능하다는 점도 중요하다. 내가 사용하는 것은 10만 원 후반대에 직구로 구입한 수동 그라인더인데, 아직 커피를 내리는 스킬이 뛰어나지 않아서 이 정도면 매우 사용하기 준수하고 가지고 다니기에도 부담이 없다.

이 드립 커피를 내리는 일이 가장 난이도가 높은 이유는 일단 커피 그라인더와 커피 원두, 드립퍼와 커피 필터를 한 가지도 빠짐없이 가지고 와야 하기 때문이다. 도착해서 짐을 뒤지다가 "아, 맞다!" 하고 외치는 것이 일인 나에게는 일단 이 관문이 제일 높다. 원두를 냉동실에 그대로 두고 오거나 쓰고 나서 말려둔 드립 퍼가 주방 카운터에 덩그러니 놓인 채로 왜 두고 갔냐는 듯이 귀가한 나를 쳐다보는 일이 비일비재하다.

무사히 모든 장비를 갖췄다면 일단 전부 꺼내서 원두를 그라인더에 넣고 갈고, 잔에 얼음을 채우고 드립퍼와 커피 필터를 얹고, 물을 끓여서 한 손에 쏙 들어오는 크기에 가느다란 주둥이가 매력적인 핸드 드립 주전자에 넣고 물을 천천히 붓는다. 집 앞에서 금방 사서 들어오는 아이스 아메리카노에 비하면 정말로 귀찮은 작업이지만 그라인더를 돌려 열었을 때 퍼지는 갓 갈아낸 커피의 향, 물을 부으면 익어가는 빵 반죽처럼 봉긋하게 부풀어 오르는 커피 가루의 모습을 보는 것이 못내 즐겁다. 일단 한번 시작하면 그 귀찮은 과정까지 즐기게 되는 것이 굳이 집을 두고 나와서 자는 캠핑의 매력과 꼭 닮았다고 하겠다.

# 단체 캠핑

모두가 맛있는 하루를 보내길 바라며
급식에서 아이디어를 얻은 단체 캠핑의 하루

아이가 학교에 입학해 학부모가 되면 잊고 있었던 매달의 즐거움이 다시 생겨난다. 새로운 달이 시작되면 학교의 공식 애플리케이션으로 전달되는 이달의 급식표다. 내가 먹을 일이 없어도 아이의 급식표를 확인하는 것은 두 가지 이유에서다. 매일 반복되는 일상 속에서 오늘의 급식 메뉴가 유일한 즐거움이었던 학창시절이 떠오르면서, 아이도 같은 즐거움을 느끼길 바라니까. 그리고 다양한 영양소를 포함한 매일의 메뉴를 새롭게 짜는 데에는 급식 영양사 선생님만 한 베테랑이 없으니까.

### 사람이 왕 많으면 왕 재밌다

길고 혹독했던 여름이 지나고 가을이 오면 캠핑을 다니기 좋은 날이 이어진다. 단체 캠핑을 떠나기에도 좋은 시기다. 단체 캠핑에는 저마다 캠핑 노하우의 수준이 천차만별인 사람들이 모인다. 우리 집이 바로 그렇다. 캠핑카를 몰고 다니는 3년차 캠퍼, 집에서 텐트를 한 번 피칭한 것이 전부인 초보 캠퍼, 텐트를 치고 잘 생각은 없는 부모님까지 총 세 가족이 모여서 가끔 단체 캠핑을 한다.

이때 중요한 것은 다양한 사이트를 갖춘 캠핑장을 고르는 것이다. 캠핑카와 카라반, 트레일러 등 RV<sup>recreational vehicle, 레저용 차량</sup>를 몰고 들어갈 수 있는 캠핑장은 한정적이다. 캠핑장이라면 보통 오토 텐트 캠핑은 가능하니까 이와 인접한 곳에 캠핑카로 이용할 수 있는 사이트가 있는 곳을 찾는다.

그중 어느 정도 규모가 있는 캠핑장은 보통 글램핑장을 같이 운영하고 있다. 펜션처럼 아무 불편함 없이 머물 수 있는 정도까지는 아니어도 카라반을 개조하거나 숙박과 더불어 바비큐 등을 할 수 있는 테이블 공간을 함께 마련해 짐만 가지고 와서 글램핑을 즐길 수 있도록 만든 장소다. 이 모든 조건을 갖춘 캠핑장이라면 캠핑카, 텐트, 그리고 둘 다 없는 가족 모두 함께 단체 캠핑을 즐길 수 있다.

또 한 가지, 이왕이면 물놀이장이나 바닷가처럼 어느 정도 아이들이 즐기는 액티비티를 갖춘 시끌벅적한 곳을 고르는 것도 팁이다. 특히 고요하고 여유로운 시간을 중시하는 캠핑장에서는 두 가족이 같이 캠핑을 하는 것을 금지하고, 미리 고지하기를 요구하기도 한다. 신나는 캠핑에 괜히 갈등을 겪고 싶지 않다면 피해가 갈 정도의 소음을 내지 않도록 주의하는 것도 중요하지만 처음부터 원래 시끌벅적한 곳을 고르는 것이 편하다. 물론 그런 캠핑장도 설거지와 고성방가 등 소음을 일체 금지하는 밤의 매너타임이 정해져 있으니 이는 꼭 지켜야 한다.

### 급식 마스터의 마음으로

캠핑을 떠나는 인원이 두 자릿수에 가까워지면 평소와는 다른 캠핑 계획이 필요하다. 두세 명이 갈 때는 식사 시간에 맞춰서 별 무리 없이 준비할 수 있었던 음식도 현장에서 삐걱거리기 일쑤다. 캠핑 하면 다들 떠올리는 고기 바비큐도 마찬가지다. 한 가족이 먹는 고기는 불판 하나로도 제때 따뜻하게 구울 수 있지만 여럿이 먹는 고기를 한 번에 구워내기는 쉽지 않다.

고깃집처럼 식탁마다 불판을 차리지 않는 한 고기를 굽는 사람은 계속 굽게 되고, 야외에서 먹는 고기는 빨리 식어서 기름기가 굳기 때문에 다 차리고 나서는 맛있게 먹기 힘들다. 바비큐를 하는 건 좋지만 메인으로 삼기에는 전체 구성을 고민할 필요가 있다. 조리 시간이 길거나 복잡하고 완성도 높은 메뉴보다 한 번에 다 같이 앉아서 이야기를 나누며 식사를 시작할 수 있는 차림새를 생각해야 한다.

이렇게 단체 캠핑을 준비할 때는 학교의 급식표가 큰 도움이 된다. 메뉴 선정 아이디어를 얻어보는 것이다. 급식표가 없다면 눈을 감고 급식 시간을 떠올리며 식판에 무엇이 있었는지 생각해 보자. 모두가 좋아하는 들통 가득 담긴 카레, 살짝 매콤하게 조린 돼지갈비찜, 탱글탱글한 도토리묵무침, 수제비와 버섯을 듬뿍 넣은 들깨탕, 각종 국과 찌개, 코다리나 메추리알 등 온갖 재료를 넣은 조림.

공통점이 있다면 한 그릇마다 따로 조리해서 완성도를 높일 필요가 없고, 대용량으로 한 번에 완성되게 해서 최대한 같은 속도로 서빙하게 만든다는 것이다. 가능하면 조금 강한 맛으로 조합하고, 대신 메뉴마다 재료와 조리법, 식감, 온도 등을 다양하게 해서 식판 하나에도 다채로움을 가미한다.

실제로 급식표에서 영감을 받아 구성한 캠핑 메뉴 구성은 다음과 같다. 저녁은 파전에 어묵탕과 닭갈비, 아침은 떡국에 수육과 겉절이. 냄비나 그리들 가득 만들어서 배식하듯이 나눌 수 있고, 맛과 질감을 나누어 캠핑 식구의 입맛을 배려해 구성하는 것이다.

여기에 전체적인 캠핑 경험의 완성도를 높이고 싶다면 음료를 고민해보자. 여름이라면 차가운 음료, 겨울이면 방한 겸 열량을 더하는 따뜻한 음료를 낼 수 있다. 분식집 기분이 들면서 몸도 따뜻하게 데워주니, 반 음료라고 할 수 있는 어묵탕은 텐트를 설치하는 일행들이 일하는 사이에 미리 끓여놓기에도 좋은 메뉴다. 이른 추위에 난로를 켠다면 어른들의 어린 시절 추억을 일깨울 겸 주전자에 보리차를 담아 그 위에 올려보자. 아이들을 위해서는 코코아, 어른들을 위해서는 뱅쇼를 끓여보는 것도 좋다. 식사 시간 외에도 끊임없이 다과를 나누며 담소를 나누게 되는 것이 단체 캠핑의 즐거움이니까.

토마토 수프와 그릴 치즈 샌드위치

감자 연어 크림 수프

필리 치즈 스테이크

퐁뒤

아히요

뱅쇼

기네스 핫초콜릿

단팥죽

군고구마

달 마크니 커리

버터 난

# PART 4
# 겨울

# 토마토 수프와
# 그릴 치즈 샌드위치

겨울 아침, 얼어붙은 위장을 녹이는
'달콤한 구원자'

토마토는 과일일까, 채소일까? 살면서 한 번도 고민해본 적이 없는 주제다. 단것을 심하게 좋아해서 나이가 들수록 건강 관리가 골치일 정도인 사람에게 토마토는 재고의 여지없이 채소이기 때문이다.

내가 디저트로 받아들일 수 있는 토마토는 숭덩숭덩 썰어서 설탕을 잔뜩 뿌려서 다 먹은 후 그릇에 고인 즙까지 마시고 싶어지는, 정작 건강에는 그리 좋지 않다는 식으로 내준 것이었으니까. 지금 생각하면 그 정도의 '쌩설탕'을 뿌리기만 해도 어울린다는 점이 토마토가 달콤한 채소로서 가진 저력일 것이다.

피자나 파스타 소스가 된 토마토만 먹다가 '이것이 내 인생 요리구나!' 하고 깨달은 것이 서울 이태원에 위치한 '더베이커스테이블'의 토마토 수프를 먹었을 때였다. 그날도 추운 겨울날이라 따뜻한 샌드위치 이상으로 위장부터 속 전체를 뜨겁게 데워주는 수프를 먹고 싶어 토마토 수프를 주문했다.

내 머릿속의 토마토 수프는 그때까지 정원의 각종 채소와 콩을 넣어 만든다는 이탈리아의 미네스트로네minestrone였다. 맛있고 푸짐하지만 어딘가 토마토 소스와 라구 소스의 연장선에 존재하는 짭짤하고 감칠맛 나는 음식.

하지만 내가 받아든 것은 결코 디저트로 생각될 만큼 달짝지근하지는 않지만 마늘이나 셀러리를 떠올리게 하는 채소다운 풋내가 두드러지지도 않고, 잘 익은 토마토의 단맛만이 부드러운 크림과 어우러진 수프. 그때까지 제일 아끼던 달콤한 채소 수프인 옥수수 수프의 자리를 단번에 꿰차는 달콤한 인생 수프였다.

그 이후로 내 캠핑 짐의 필수 보존식으로 한 자리를 차지한 것이 토마토 통조림이다. 지금처럼 물자가 풍부한 시기에 통조림은 품질이 떨어지는 음식으로 생각되기도 하지만, 사실 냉동 채소처럼 가장 신선하고 맛있을 때 가공한 보존식은 오히려 제철이 아닌 음식보다 맛과 영양을 잘 간직하고 있기도 하다. 그중 대표적인 것이 토마토 통조림이다.

언젠가 우리나라에서 활동하는 이탈리아인 셰프를 여럿 취재

할 기회가 있었는데, 모든 식재료를 까다롭게 구하며 그와 동시에 이탈리아산보다 지금 살고 있는 이 땅의 제철을 중요시하는 그들도 토마토만큼은 이탈리아의 산 마르자노 토마토 통조림을 사용한다고 입을 모아 말했다. 뒤집어 생각하면 통조림 기술의 발달 덕에 어디서나 캔만 따면 이탈리아에서 볕을 쬐고 자란 토마토를 먹을 수 있으니 엄청난 일이 아닌가.

렌틸이나 병아리콩, 옥수수 통조림도 간단하게 안주나 간식을 만들기 좋은 보존식이고 미트볼이나 카레 등 3분 레토르트 제품도 챙겨놓으면 제법 거창해 보이는 음식을 눈속임으로 재깍 만들기 좋다. 토마토 통조림도 스파게티 면과 함께 간단한 파스타를 만들 수 있는 것은 물론, 인도식 커리나 채소 수프의 베이스가 되는 등 효율적인 쓰임새를 자랑한다.

특히나 겨울 캠핑의 아침날이 되면 토마토 통조림이 나를 구원한다. 지난 밤에 피운 모닥불은 꺼지고 사라진 캠핑 스토브 앞은 차갑게 얼어붙어, 내가 불을 피우고 무언가를 만들지 않으면 그대로 냉기가 파고든다. 여기서 살아남아야 한다는 생각이 들면 미리 계획을 세웠던 덜 따뜻하고 더 잘 식는 캠핑 아침 메뉴는 접어두고 가장 나를 따뜻하고 기분 좋게 해주는 익숙한 음식을 만들고 싶어진다. 그러면 가방을 뒤져서 통조림을 찾는 것이다.

토마토가 주인공이면서 달콤함과 감칠맛이 조화를 이루는 토마토 수프를 만들려면 필요한 것이 많지 않다. 그것이 캠핑 요리로서의 장점 중 하나다. 한 번만 만들어보면 아무 계량도 필요 없다는 걸 알게 되는 토마토 크림 수프의 포인트를 알아보자.

### 1. 계량은 토마토 캔으로 하면 된다

우선 잘게 썬 마늘과 양파를 버터에 가볍게 볶는다. 400ml들이 토마토 통조림을 하나 따서 가위로 토마토를 잘게 자른다. 이걸 통째로 냄비에 붓는 것이다. 그리고 빈 통조림 캔에 생수를 가득 채워서 냄비에 붓는다. 이것은 캔에 남은 토마토를 훑어내고 물을 계량하는 역할을 동시에 한다.

### 2. 우유나 크림이 소량이라도 꼭 들어가야 한다

만들면서 계속 맛을 보면 달콤한가? 싶은 토마토 채소 수프에서 달콤한 토마토 수프로 넘어가는 단계를 딱 알 수 있는데, 우유든 크림이든 상관없이 유제품이 들어가는 순간이다. 소량이라도 좋으니까 마무리로 한 바퀴 둘러서 따뜻하게 데우면 토마토의 달콤한 맛이 두드러지면서 수프가 완성된다.

### 3. 간은 소금과 설탕으로 한다

설탕으로 단맛을 내는 종류의 요리는 아니지만, 토마토는 그때 그때 신맛과 단맛의 정도가 달라서 원하는 당도를 내려면 설탕으로 조절하는 것이 좋다. 신맛이 너무 강한 것 같으면 설탕을 약간 넣어야 맛이 중화된다. 즉 달콤한 토마토 수프를 만들 때는 소금과 설탕을 조절해서 간을 맞춘다고 생각하면 된다.

### 4. 첨가하는 채소와 향신료는 신중하게 고르자

토마토는 여러 모로 과일과 채소의 경계에 있다는 걸 기억해야 한다. 양파는 언제 어떻게 넣어도 잘 어울리지만 셀러리처럼 감칠맛이 강하고 맛이 뚜렷한 채소, 월계수 잎 등의 향신료는 잘못 넣으면 맛이 식사용 채소 수프의 영역으로 확 넘어가버린다. 물론 그것도 맛은 있지만, 잘못하면 달지도 짜지도 않은 애매한 결과물을 받아들 수 있다. 마늘도 너무 많이 넣지 말 것.

### 5. 반드시! 그릴 치즈 샌드위치를 곁들이자

꼭! 반드시! 무조건! 그릴 치즈 샌드위치를 만들어서 달콤한 토마토 수프에 찍어 먹어보자. 버터를 바른 식빵 사이에 잘 녹는 슬라이스 치즈를 끼우고 앞뒤로 구우면 완성되는 간단한 샌드위치다. 실제로 미국에서 1920년대부터 지금까지 사랑받는 토마토 수프와 그릴 치즈 샌드위치의 조합은 나에게도 '인생 조합'이다. 본디 미국의 경제 대공황이 시작되면서 저렴한 대량 가공식품으로 만들 수 있는 메뉴 구성으로 등장했다고 하는데, 첫 출발은 빈곤해도 지금까지 살아남은 데에는 이유가 있다.

그냥 같이 먹는 것을 넘어서 토마토 수프에 푹 담가 치즈 크루통마냥 떠먹으면 버터에 구운 빵에 스며든 토마토 수프와 녹아내린 치즈의 조합이 추위와 배고픔을 모두 잊게 해준다. 비싼 재료라고는 들어간 것이 없는데 도대체 왜 이렇게 맛있는 것인지 갈기갈기 해체하며 생각해봤을 정도다. 토마토와 크림, 치즈, 그리고 빵. 돌이켜보면 성공을 보장하는 피자의 조합이다.

자칫 라면 한 그릇으로 끝날 뻔한(물론 라면도 좋아하지만) 싸늘한 겨울 캠핑의 아침 식사가 토마토 통조림 하나로 이토록 달콤해지다니. 통조림 기술의 발전 만세다.

(레시피)

# 토마토 수프와 그릴 치즈 샌드위치

### 토마토 수프 재료(2인분)

버터, 양파 ¼개, 토마토 통조림 1캔, 물 적당량, 바질 1줄기, 크림 50ml (취향에 따라 가감), 소금, 설탕

### 그릴 치즈 샌드위치 재료(2인분)

버터, 식빵 4장, 슬라이스 체다 치즈 3~4장

### 만드는 법

1. 양파를 잘게 다진다.
2. 냄비에 버터를 넣고 불에 올려서 녹으면 양파를 넣고 잘 볶는다.
3. 토마토 통조림을 따서 가위로 잘게 자른 다음 냄비에 붓는다.
4. 빈 통조림 캔에 물을 가득 채워서 냄비에 붓는다.
5. 바질을 넣은 다음 양파가 잘 익고 원하는 농도가 될 때까지 뭉근하게 익힌다.
6. 크림을 넣어서 잘 섞은 다음 소금과 설탕으로 간을 맞춘다. (스틱 블렌더가 있으면 곱게 갈아서 낸다.)
7. 수프를 끓이는 동안 버터를 녹여서 식빵 한 면에 골고루 바른다.
8. 구이바다 전골팬을 불에 올려서 버터를 바른 면이 아래로 오도록 식빵을 놓는다.
9. 식빵 위에 치즈를 올리고 나머지 식빵을 그 위에 얹는다.
10. 타지 않도록 천천히 앞뒤로 굽는다.
11. 그릴 치즈 샌드위치를 썰어서 토마토 수프에 곁들여 낸다. 찍어 먹는다!

# 감자 연어 크림 수프

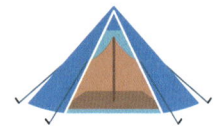

오뚜기 분말 수프로도
못할 것이 없다

    겨울 캠핑장의 아침은 정말로 쌀쌀하다. 기모가 들어간 후드티에 패딩 조끼를 입고 수면양말까지 신은 후에야 안심하고 캠핑카 밖으로 나올 수 있다. 차량용 전기장판 덕분에 몸이 식지 않도록 잘 자고 일어났기 때문에 잠시나마 버틸 수 있는 것이기도 하다. 더위에 비하면 추위를 정말 안 타는 편이지만 그래도 뱃속에 뭘 집어넣기 전까지는 발열이 잘 안 되는 체질이기 때문이다.

    그런 쌀쌀한 캠핑날 아침에는 정말로 따뜻한 수프가 간절해진다. 물론 먹고 싶은 수프는 매일 다르다. 사골 국물에 순식간에 끓인 떡만둣국 같은 종류의 친숙한 국물 요리가 생각나는 날도 있고, 바지락과 감자를 듬뿍 넣은 클램 차우더가 먹고 싶을 때도 있고, 달콤한 토마토 수프나 통조림 병아리콩을 넣은 채소 수프를 만들고 싶을 때도 있다.

아침 식사라면 크림 수프를 만들 때 오뚜기 분말 수프를 자주 이용한다. 육수를 내고 크림이나 우유를 부어서 처음부터 수프를 만드는 것도 물론 좋아한다. 하지만 이건 약간 고체 카레나 분말 카레를 이용해서 카레를 뚝딱 만드는 것과 같다. 당연히 향신료를 조합해서 카레를 만들 수도 있지만, 각종 채소를 달달 볶았다가 고체 카레를 녹이기만 해도 훌륭한 카레가 되지 않는가? 조리 시간도 머리 쓰는 시간도 십분의 일 정도로 줄어들지 않는가?

솔직히 오뚜기 크림 수프는 정말 그냥 그 자체로 매력적이다. 아무런 부재료 없이 물 넣고 팔팔 끓여도 한정 없이 마실 수 있다. '먹는다'기보다 '마신다'는 느낌인 것도 마음을 편안하게 하는 매력 포인트라고 생각한다.

예전에 음식 잡지사에 다닐 때 편집부 직원끼리는 오뚜기 크림 수프로 조금 더 맛있는 수프를 만드는 노하우도 공유하곤 했다. 반은 물, 반은 우유를 넣는 사람이 있는가 하면 감자를 듬뿍 넣어서 점도를 높이고 파르메잔 치즈를 갈아넣어 감칠맛을 낸다는 사람도 있었다. 나는 감칠맛을 위한 연두와 치즈파. 파르메잔 치즈, 그뤼에르 치즈<sub>소의 우유를 원료로 하여 만든 치즈</sub>, 에멘탈 치즈<sub>스위스에서 유래된 치즈로, 구멍이 송송 뚫린 치즈</sub> 등 냉장고에서 발견되는 남은 치즈는 전부 갈아서 한 줌 정도 넣으면 갑자기 맛이 훨씬 진해진다.

그러니까 추운 캠핑날 아침 식사로는 비상용 오뚜기 분말 수프에 연두와 치즈, 구운 빵 정도면 순식간에 온몸을 뜨끈뜨끈하게 만들 수 있다는 이야기다. 정말로 한번에 10개들이 상자로 사다 놓는다. 마음을 달래주는 비상용 힐링 푸드, 오뚜기 분말 수프.

이 오뚜기 분말 수프로 만드는 연어 크림 수프는 초간단하게 핀란드의 분위기를 내는 방법에 가깝다. 핀란드에 가면 꼭 먹어야 할 것은 무엇일까? 나는 클라우드 베리<sub>핀란드 등 북유럽에서 자라는 신맛과 단맛이 어우러진 과일</sub> 잼, 미트볼, 그리고 연어 수프를 꼽는다. 감자와 연어, 크림을 넣어서 부드럽고 진하게 끓인 연어 크림 수프. 날씨만 추워지면 갑자기 얘가 참 맛있어 보인다. 추운 날씨에 먹는 이유가 있다. 기름지고 진한 그 맛.

육수와 크림, 향신료의 조합 등을 생각하면 연어 크림 수프도 얼마든지 복잡하게 만들 수 있다. 하지만 이건 핀란드의 가정식이니 우리나라의 된장국처럼 간편하게 만들 수도 있을 것! 여기서 필요한 것은 연어 필레와 오뚜기 분말 수프뿐이다. 간단하고, 맛있게. 둘 중 하나도 놓치지 않는다.

조금 고급스러워 보이게 하려면 치즈를 갈아 뿌리고, 연어와 잘 어울리는 딜을 넣으면 아주 감쪽같다. 중요한 포인트는 물에 푼 크림 수프를 붓기 전에 그냥 물을 부어서 감자를 충분히 익혀야 한다는 것이다. 그렇지 않으면 감자가 익기 전에 너무 되직해져서 바닥이 눌어붙기 십상이니까. 그것만 잊지 않으면 정말 빠르게, 잠이 미처 깨기 전에 완성할 수 있는 아침 식사다.

( 레시피 )

# 감자 연어 크림 수프
## (feat. 오뚜기 수프)

**재료**   오뚜기 크림 수프 ½봉, 물 300ml, 감자 1개, 대파 1대, 연어 150g, 버터, 소금, 후추, 딜, 그뤼에르 치즈

**만드는 법**

1. 오뚜기 크림 수프는 찬물 300ml에 잘 푼다.
2. 감자는 껍질을 벗기고 작게 깍둑 썬다. 대파는 송송 썬다.
3. 연어는 껍질을 제거하고 깍둑 썬다.
4. 냄비에 버터를 녹이고 감자와 대파를 넣어서 달달 볶는다. 소금과 후추로 간을 한다.
5. 연어를 넣어서 가볍게 볶는다.
6. 여분의 물을 모든 재료가 살짝 잠기도록 부어서 감자가 익을 때까지 끓인다.
7. 물에 푼 크림 수프를 부어서 눌어붙지 않도록 잘 저어가며 5분 정도 끓인다.
8. 그릇에 담고 그뤼에르 치즈를 갈아 뿌린다. 딜을 뿌려서 먹는다.

# 필리 치즈 스테이크

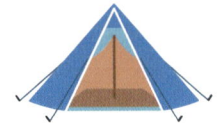

눈 오는 캠핑장에서
최소한의 노력으로 만드는 최대한의 맛

 

필리 치즈 스테이크를 해먹겠다고 핫도그 번을 들고 캠핑을 떠난 어느 날은 바람이 참 많이 불었다. 캠핑을 가보면 바람의 각도와 강도가 생각보다 컨디션의 질에 큰 영향을 미친다는 것을 알 수 있다. 바람을 맞고 있으면, 생각보다 빠르게 피로해진다. 햇볕 따뜻한 낮의 산들바람은 사람의 기분을 참 행복하게 만든다. 하지만 만약에 아주 작은 돌개바람이 순간순간 불어온다면?

우선 돌개바람은 바닥의 흙과 낙엽을 같이 끌고 올라와 사방에 퍼트린다. 아무리 깔끔하게 테이블과 의자를 세팅해놔도 곳곳에 흙먼지가 내려앉는다. 음식도 접시도 잘 덮어두지 않으면 모래가 씹힌다. 그리고 단단하게 고정시켜두지 않은 모든 물건이 사방을 날아다닌다!

캠핑카에는 그늘을 만들어주는 어닝이 달려있는데, 넓게 펴놓은 어닝이 한 번의 돌개바람에 하늘로 붕 떴다가 쾅 하고 다시 바닥을 치면 심장이 같이 내려앉는다. 어닝이 망가지면 수십만 원을 주고 고쳐야 하기 때문이다. 그래서 바람이 많이 불면 어닝을 싹 걷고 온몸으로 햇볕과 바람을 맞는다.

물론 바람이 분다고 나쁜 캠핑이 되는 건 아니다. 아무리 불편한 캠핑도 나름의 묘미가 있고 계속해서 되새길 추억이 되니까. 다만 한번 바람 부는 캠핑을 겪고 나면 주말의 날씨를 체크할 때 햇빛과 구름, 비와 눈 여부와 더불어 풍향을 확인하게 된다.

특히나 필리 치즈 스테이크를 만든 어느 날은 한겨울에 내내 캠핑을 가고 싶어하는 아이의 재촉에 춥다고 죽기야 하겠어, 하고 떠났는데 밤새도록 바람과 함께 눈보라가 몰아쳤다. 우리야 캠핑카에서 전기장판을 켜고 잤지만, 이 날씨에도 난방 기구를 풀장착하고 밤을 보낸 이웃 사이트의 텐트들에는 눈이 수북하게 쌓여있었다. 다들, 살아 계시죠? 인기척이 들리기 전까지 마음이 푹 놓이질 않았다. 겨울 눈 캠핑은 실로 나 자신의 캠핑에 대한 애정이 이 정도구나, 하고 스스로도 감탄하게 되는 나름 극한의 환경이 아닐 수 없다.

### 들고 먹는 캠핑밥, 필리 치즈 스테이크

이런 날에도 라면보다 낫지만 그만큼 최소한의 노력으로 밥을 차리고 싶을 때, 여행이라 해도 모든 끼니를 사먹기는 힘들고, 제한적인 공간에서 최대한 맛있는 무언가를 함께 먹고 싶을 때다. 거창한 음식만 차릴 줄 아는 것이 요리 잘 하는 사람은 아니지. 편하게 뒹굴고 싶을 때는 10분 만에 만들어서 상 차릴 것도 없이 손으로 들고 먹어도 신나는 레시피가 필요하다. 그럴 때 추천하는 음식이 '필리 치즈 스테이크'다. 말하자면 '치즈 불고기 핫도그'라고 할 수 있겠다.

스테이크라는 이름이 붙어있지만 사실 필리 치즈 스테이크는 아주 얇게 저민 불고깃감 소고기를 양파와 함께 달달 볶아서 소금, 후추에 치즈를 넣어 양념을 한다. 복잡한 향신료가 필요하지도 않고, 다양한 채소를 따로 준비해야 완성되는 것도 아니고, 핫도그 번만 있으면 왠지 특별한 기분으로 아주 간편하게 먹을 수 있는 메뉴다. 왜 스테이크라고 부르는가 하면 원래 스테이크 고기를 잘게 썰어서 만들었다는 등 이런저런 설이 있기는 한데, 출처가 명확하지 않다. 하지만 고기 맛이 제대로 느껴지는 필라델피아의 고전 메뉴라는 점만은 확실하다.

서양에서야 이렇게 얇게 썬 소고기를 어디서 구하는지부터 설명하지만 우리는 불고깃감을 구입하면 된다. 그리고 치즈와 양파, 핫도그 번을 준비하면 끝이다. 치즈는 원래 프로볼로네<sub>부드럽고 고소한 맛을 가진 이탈리아의 대표적인 치즈</sub>를 사용하지만 고다<sub>부드럽고 고소한 맛을 가진 네덜란드산 치즈</sub>나 그뤼에르처럼 잘 녹고 약간 '꼬릿한' 향이 나는 것이 잘 어울린다. 잘 녹아서 고기와 양파를 한 덩어리로 뭉쳐주는 역할도 하기 때문이다. 채 썬 양파와 고기를 달달 볶은 다음 맛의 포인트인 소금과 후추, 치즈를 넉넉하게 넣고 섞는다. 버터에 살짝 구운 핫도그 번에 끼워서 따뜻한 캠핑카에 들어가 침상에 널브러져 쉬는 가족이 저마다 손에 들고 편하게 먹게 한다.

맥주나 제로 콜라, 감자칩과 피클을 곁들여도 좋다. 사실 불고깃감에 간장과 설탕으로 불고기 양념을 해서 치즈와 함께 번에 넣어도 된다. 중요한 것은 한가롭게 반쯤 누워서 이것만 먹어도 맛있는 메뉴라는 것이다. 한없이 늘어지는 여가 시간에, 한없이 해이하게 만들어낸 맛있는 음식. 캠핑에는 이런 순간이 필요하다. 완벽하지 않고, 내키는 대로 움직이며, 접시도 격식도 필요 없는 한가로운 시간. 어디에 있어도 그곳이 집이 되는 순간이다.

(레시피)

# 필리 치즈 스테이크

**재료**  불고깃감(소고기) 300g, 양파 ½개, 프로볼로네 치즈 4장(슬라이스), 소금, 후추, 핫도그 번 2개, 버터, 식용유

**만드는 법**

1. 그리들이나 프라이팬에 식용유를 두르고, 소고기와 양파를 넣고, 소금과 후추로 간을 해서 볶는다. 너무 자주 뒤적이지 말고 군데군데 제대로 갈색이 되도록 골고루 익힌다.
2. 다른 팬에 버터를 두르고 핫도그 번의 반 가른 부분이 아래로 가도록 올려 노릇하게 굽는다. 설거지를 줄이고 싶다면 고기를 볶기 전의 그리들에 굽는다.
3. 다 익은 소고기와 양파에 프로볼로네 치즈를 넉넉히 넣고 골고루 버무려서 한 덩어리가 되면 핫도그 번에 나누어 담는다.

# 퐁뒤

#### 죽은 빵도 다시 살린 '찍먹술사'
#### 화목난로로 만드는 마늘빵 크루통과 퐁뒤

 추운 날씨가 좋은 점은 불씨와 사람의 체온이 다정하게 느껴진다는 것이다. 차가워진 손끝과 발끝을 함께 난롯가의 열기에 녹이고 따스한 음식을 나눠 먹으면 친구 사이도 가족 간의 관계도 훨씬 따뜻해진 느낌이 든다.

 난로를 켜는 캠핑장도 겨울이면 가족애를 돈독하게 만드는 공간이 된다. 텐트 안에서 잠을 청하는 공간도 따스하게 데우는 등유 난로, 어디든 간단하게 들고 다니며 쉽게 발끝을 데울 수 있는 부탄가스 난로, 완전 오픈형 모닥불을 피워 불멍과 마시멜로 굽기를 동시에 즐기는 화롯대, 그리고 연통을 쭉 빼서 본격적으로 장작을 때며 감성과 실용성을 동시에 잡을 수 있는 화목난로. 이 중에 무엇을 피워도 신나게 놀던 가족들이 추위를 느끼면 옹기종기 온기 근처로 모여든다.

### 난로 위, 익어가는 한솥밥

다양한 난로 소개 제일 마지막 난로에 사심이 가득한 느낌은 착각이 아니다. 매캐한 연기는 연통으로 올라가고 타닥타닥 타면서 불씨가 튀거나 장작이 무너져도 난로 안에서 타고 있으니 맨손이 닿는 위험성만 경계하면 안전하게 온기를 즐길 수 있다.

또한 윗면이 평평해서 무언가를 올려 그 열기로 조리할 수 있는 제품을 선택하면 주변에 둘러앉아서 입구를 열고 타오르는 장작을 바라보며 뜨끈뜨끈한 음식을 나누어 먹기에도 제격이다. 실제로 화목 난로를 고를 때 가장 중요하게 본 것이 티타늄 혹은 스테인리스 스틸 재질, 그리고 윗면은 평평하고 양쪽으로 펼칠 철망 날개가 달려있어서 음식을 아주 뜨겁게 혹은 간접 가열로 따뜻하게 조리할 수 있을 것이라는 점이었다.

화목 난로 조리는 방한과 더불어 그 열기를 낭비하지 않고 요리에 활용한다는 뿌듯함을 선사한다. 계속 따뜻함을 유지하면서 여럿이 한 그릇으로 나누어 먹는 종류의 음식이 무엇보다 어울린다. 어묵탕이나 뱅쇼, 말린 귤껍질을 듬뿍 넣은 귤차, 우묵한 그리들 한가득 뭉근하게 익힌 커리 등이 그것이다.

천천히 오랫동안 데울수록 좋은 음식인데 부탄가스를 내내 켜지 않아도 편하게 조리할 수 있고, 불멍으로 시선이 집중되는 곳의 음식을 공유하는 것이 온기로 인한 유대감을 더욱 강화한다. 이렇게 추위 속에 나누는 따뜻한 음식의 효과를 느끼는 것은 동서양 공통의 감성인 듯하다. 추운 겨울의 눈 쌓인 산맥과 스키로 유명한 스위스에도 겨울이면 가족이 함께 나누어 먹는 요리가 있으니, 바로 '퐁뒤'다.

### 어제의 바게트도 맛있게, 마늘빵 퐁뒤

스위스 혹은 프랑스 사부아 지역의 전통 요리인 퐁뒤는 추운 산간 지역에서 겨울에 남은 식재료로 맛있게, 따뜻하게 음식을 만들어서 나눠먹을 수 있는 방법 중 하나다. 장기간 보관이 가능한 치즈, 와인, 그리고 오래된 빵을 이용하는 덕분이다.

아주 간단하게 말하자면 치즈를 녹여서 빵과 채소 등을 찍어 먹는 음식이다. 불멍과 함께 심심한 입에 끝없이 집어넣을 수 있고 따스함이 유지될수록 맛있다는 특징이 있다. 손을 불꽃에 데이는 일 없이 마시멜로를 구울 수 있는 꼬치에 빵조각을 꿰어서 치즈를 푹 찍고, 아슬아슬하게 입안으로 옮긴다.

보통 이때 사용하는 빵은 바게트나 깜빠뉴 등의 껍질이 딱딱한 식사 빵이다. 식빵처럼 부드러운 빵은 꼬챙이에 잘 꿰어서 치즈를 뜨는 연장으로 쓰기에는 너무 연약하다. 튼튼해야 버틸 수 있

으니 평소에 빵 껍질을 제거하는 사람이라도 퐁뒤를 위한 빵에서는 껍질을 잘라내지 않는 것이 좋다. 그래도 나는 빵 껍질을 먹고 싶지 않다면? 사실 그것이 바로 나다. 그래서 한국인이라면 절대 좋아할 수밖에 없는 퐁뒤용 빵을 따로 만들었다. 바로 죽은 빵을 살리는 간단한 메뉴, 마늘빵이다.

바삭바삭한 껍질이 매력인 바게트는 최상의 상태가 오래 유지되는 빵이 아니다. 더군다나 캠핑 전날 가져온 바게트가 다음 날 저녁 불멍 타임에도 초심을 유지할 리가 없다. 이때 꺼내는 비장의 무기가 마늘 버터다. 화목난로에 내열용 볼을 올리고 버터를 녹인 다음 마늘과 파슬리, 소금, 설탕을 넣어서 골고루 버무린다. 여기에 손으로 박박 뜯은 바게트를 넣고 골고루 잘 버무린다. 그리고 그리들을 난로에 올려 달구고 바게트를 넣어 달달 볶는다.

너무 강하지도, 약하지도 않은 불에 골고루 뒤적여가며 노릇해지도록 굽듯이 볶으면 고소한 마늘향이 퍼진다. 오븐 없이 캠핑장에서 만드는 마늘빵 크루통의 완성! 이대로 크림 수프에 푹 담가 먹거나 샐러드에 토핑으로 뿌리면 더할 나위가 없다.

하지만 오늘의 주인공은 퐁뒤다. 퐁뒤는 치즈를 녹이면 끝이라고 생각하기 쉽지만, 적절한 맛의 균형을 잡으면서 치즈가 분리되지 않고 골고루 부드럽게 잘 녹은 퐁뒤를 만들려면 다른 재료를 첨가해야 한다. 우선 화이트 와인과 레몬즙 등 치즈의 느끼한 맛을 살짝 잡는 재료를 첨가한다. 후추와 다진 마늘도 소량 넣으면 좋다. 진짜 기본은 '반으로 자른 마늘을 퐁뒤 냄비 바닥에 살짝 문지르는 것'이라고 하지만, 여기는 한국이니까 다진 마늘을 한쪽 분량 정도 넣는다.

퐁뒤용 치즈는 기본이 그뤼에르 치즈, 그리고 여기에 에멘탈이나 기타 잘 녹는 향기로운 치즈 종류를 섞어 넣는다. 시판하는 '퐁뒤용 치즈' 세트를 구입했다면 그대로 사용하면 되지만 진짜 치즈를 넣을 경우에는 깍둑 썰어서 옥수수 전분을 뿌리고 살짝 버무리는 것이 좋다. 데우는 과정에서 분리될 수 있기 때문이다. 냄비에 화이트 와인과 다진 마늘, 후추, 전분에 버무린 치즈를 넣어 은은한 불 위에서 잘 저어가며 고르게 녹이면 끝. 불멍을 즐기며 이것저것을 계속 찍어 먹고 냄비에 붓고 남은 화이트 와인을 마시는 일만 남는다.

한국인이 좋아하는 마늘빵 크루통에, 한국인이 좋아하는 녹인 치즈를 찍어 먹는다. 이 정도면 명예 한국 요리로 지정해도 괜찮지 않을까 하는 생각을 해본다.

## 레시피

# 퐁뒤

**크루통 재료**  버터, 마늘, 파슬리, 소금, 바게트

**퐁뒤 재료**  화이트 와인 ½컵, 레몬즙 ½개 분량, 다진 마늘 1쪽 분량, 후추, 에멘탈 치즈 150g, 그뤼에르 치즈 100g, 옥수수 전분 ½~1큰술

## 만드는 법

1. 버터를 녹인 다음 다진 마늘과 파슬리, 소금을 넣고 잘 섞는다.
2. 바게트를 적당한 크기로 찢어서 마늘 버터에 넣고 골고루 버무린다.
3. 그리들을 달궈서 바게트를 넣고 골고루 뒤적이면서 노릇하게 굽는다.
4. 내열용 냄비에 화이트 와인과 레몬즙, 다진 마늘, 후추를 넣는다.
5. 에멘탈 치즈와 그뤼에르 치즈를 깍둑 썰어서 옥수수 전분을 둘러 골고루 버무린다.
6. 냄비에 치즈를 넣고 잘 저어서 골고루 녹인다.
7. 퐁뒤를 따뜻하게 유지하면서 크루통을 찍어 먹는다.

# 아히요

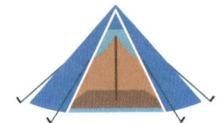

**입맛 따라 내 마음대로
아히요의 무한한 가능성**

　우리나라에서는 '감바스'라고 부르는 감바스 알 아히요 gambas al ajillo는 스페인어로 '새우와 마늘'이라는 뜻으로, 마늘과 고추의 향이 우러나도록 천천히 데운 올리브 오일에 새우를 함께 익혀 만드는 음식이다. 마늘향이 밴 오일과 새우의 감칠맛이 우리나라 사람의 입맛에도 딱 맞아서 인기가 좋지만, 만드는 과정은 한국인의 특성인 '빨리빨리'와는 거리가 멀다.

　포인트는 마늘 향이 나는 오일과 그 맛이 밴 부드러운 새우인데, 향이 배러면 최소 30분 정도는 천천히 따뜻하게 가열하며 기다리는 시간이 필요하기 때문이다. 빨리 배를 채우고 쉬고 싶은 주중 저녁에는 알맞지 않을 수 있지만, 상대적으로 시간이 천천히 흐르는 캠핑장에서 만들기 여러 모로 좋은 음식이다. 잔잔한 모닥불 사이로 둘러앉아서 야금야금 술안주로 먹기에도 좋고, 불을 피운 김에 먼저 하나 만들어서 애피타이저로 먹기에도 좋다. 손질하기 편하게 준비하면 칼을 전혀 쓰지 않고 완성할 수도 있다. 보기에도 예쁘고, 마늘 향이 폴폴 풍겨서 맛있다.

그래서 맛있는 아히요를 만들려면 어떻게 해야 할까? 우선 무쇠팬이나 질그릇처럼 묵직하고 두꺼운 팬 종류를 사용하는 것이 중요하다. 앞서 말했듯이 기름의 온도가 화르륵 올라가면 튀김이 되어버리니까 낮은 온도를 천천히 유지해야 하기 때문이다. 아무리 속이 터져도 보글보글 끓거나 지글지글 튀겨지지 않도록 온도가 천천히 올라가고 잘 떨어지지 않는 팬을 고르고 약한 불을 유지해야 한다. 대략 마늘은 10~15분 정도 천천히 익혀서 향을 우리고, 새우를 넣고 5분 정도 천천히 익힌다고 생각하자. 그래야 고온에 볶은 겉이 쫄깃한 새우 대신 전체적으로 마늘 향이 배어든 촉촉하고 탱글한 새우가 된다.

하지만 기본적으로 아히요는 마늘 향이 밴 오일에 무언가를 넣어서 익히기 때문에, 무엇이든 원하는 재료라면 마음대로 넣어도 좋다. 따뜻한 마늘 오일에 익혀 먹고 싶은 재료를 넣은 다음 감바스 대신 그 재료의 이름을 붙이면 된다. 문어 아히요, 버섯 아히요… 대충 이런 식이다.

우선 관자, 새우, 오징어, 문어 같은 해산물 종류는 대체로 잘 어울리고 보기에도 예쁘다. 생각보다 짙은 색으로 익어가는 문어는 질그릇 속에서 멋진 자태를 보여준다. 오일 온도에만 주의하면 천천히 익으면서 아주 부드러운 질감을 보여주기도 한다.

해산물을 전혀 넣지 않아도 상관없다. 탱글탱글한 식감을 자랑하는 양송이 버섯과 미니 새송이버섯이 아히요와 얼마나 잘 어울리는지 아는 사람? 마늘과도 환상 궁합이다. 완두콩, 아스파라거스, 강낭콩… 감자와 연근 같은 뿌리채소 종류도 아작아작하니 매력적인 맛을 보여준다. 다만 이런 전분 채소 종류는 빨리 익지 않으니 초벌로 익힌 다음 넣는 것이 좋다.

그 외에도 연어, 치즈, 토마토 등 원하는 재료라면 뭐든 넣어서 익혀보자. 말린 고추 대신 허브도 다양하게 사용해보자. 나만의 조합을 찾아보기 아주 좋은 메뉴다.

그리고 들어가는 재료는 미리 손질해두자. 질긴 껍질은 제거하고, 너무 딱딱해서 익기까지 오래 걸리는 채소는 미리 전자레인지에 돌리는 등 살짝 익혀두는 것이 좋다. 어떻게 밑손질을 하든 오일에 넣기 전에 물기를 완전히 제거하는 것을 잊지 말자. 마늘은 통마늘보다 살짝 으깨거나 슬라이스를 하는 것이 풍미가 더 빨리 배어나온다. 하지만 다진 마늘을 넣으면 타기 쉬우니 주의할 것.

사용하는 오일은? 가열할 용도이니 퓨어 올리브 오일이 가장 적당하다. 엑스트라 버진 올리브 오일을 쓰고 싶다면 불을 끄고 나서 살짝 두르는 정도로 풍미를 가미하면 충분하다. 어차피 뜨거우면 향도 풍미도 사라지고 쓴맛이 나기 때문이다. 또한 소금은 오일에 잘 녹지 않으니 재료마다 미리 밑간을 해야 제대로 맛을 느낄 수 있다.

### 관건은 완급 조절

성급하게 불을 올리면 새우가 질겨지고, 마늘 향은 매캐해진다. 기름 한 방울까지 바게트로 닦아내 먹고 싶을 정도로 깊은 맛을 내려면 결국 아히요를 완성하는 것은 기다림과 시간이다. 어쩌면 시행착오를 거쳐가면서 이렇게 기다리는 것 자체가 삶의 완급 조절을 배우는 과정일지도 모르겠다. 잠시 쉬어가고 지켜보는 시간도 필요하다는 것을 알게 되는 곳, 그것이 나에게는 캠핑이다.

### 남은 아히요는?

아무리 맛있는 아히요라도, 바게트로 오일을 열심히 찍어서 먹어 치워도 남을 수 있다. 남은 아히요는 밀폐용기에 담아서 냉장고에 2~3일간 보관이 가능하다. 다시 살짝 데워서 먹으면 된다.

마늘과 첨가한 재료의 향이 배어있는 아히요 오일은 삶은 파스타에 버무리면 마늘 오일 파스타가 되기도 한다. 솥밥에 풍미를 가미하는 용도로 쓸 수도 있다. 버릴 것이 하나도 없는 아주 깔끔한 음식이다.

# 뱅쇼

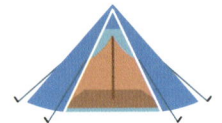

'얼죽아'는 잠시 안녕!
손도 마음도 따뜻해지는 뱅쇼

뱃속에 어떤 온도를 집어넣는지가 방한에 지대한 역할을 한다는 것을 체감한 것은 캠핑을 시작한 이후다. 그전까지 나약한 실내형 도시인으로만 살아오며 겨울에도 길어봐야 러닝이나 산책을 하는 동안에만 실외에 머물렀기 때문이다. 오히려 한겨울에 카페에 가도 잠시 이동하는 순간이나 춥지, 니트와 패딩을 잔뜩 껴입고 난방이 잘 되는 카페에 있으면 슬슬 땀이 나는 것도 흔한 일이기 때문에 차가운 음료를 주문하는 것이 습관이었다.

하지만 똑같이 옷을 껴입어도 잠시 외부 활동을 하는 것과 내내 외부에 머물러 있는 것은 당연하지만 아주 다르다. 아무리 따뜻한 옷이나 침낭이라 하더라도 핫팩이나 전기장판을 동원하지 않는 이상 그걸 데우는 유일한 발열원은 내 몸인 것이다! 몸을 녹이고 찬기운을 내보낼 틈이 없는 야영장에서 자칫 차가운 물이라도 벌컥벌컥 마셨다가는 안에서부터 차오르는 한기에 치아가 딱딱 부딪히게 될 수 있다. 이렇게 갑작스럽게 저녁 추위가 닥칠 때 체온을 지키고 손끝까지 따뜻하게 데우며 면역력까지 길러준다는 핑계로 등장하는 것이 바로 어른을 위한 추위 퇴치 음료 '뱅쇼'다.

### 뱅쇼, 뮬드 와인, 글뤼바인

프랑스어로는 뱅쇼vin chaud, 영어로는 뮬드 와인mulled wine, 독일어로는 글뤼바인glühwein, 스칸디나비아에서는 글룍glögg이라고 한다. 와인에 과일과 향신료를 넣고 따뜻하게 데워서 마시는 뱅쇼는 특히 유럽의 크리스마스 마켓에서 반드시 등장하는 음료다. 찰스 디킨스의 소설 《크리스마스 캐럴》에서 자린고비 스크루지가 마음을 고쳐먹은 후 마치 온기를 나누듯이 직원에게 권한 따뜻한 포도주 음료 또한 뱅쇼다.

기원을 거슬러 올라가면 고대 그리스에 닿는데, 마시고 남은 와인 혹은 양조량이 많아 남은 와인에 향신료를 넣고 데워 마셨다고 한다. 구체적으로 와인에 향신료와 꿀을 넣고 데워서 마시는 방법이 처음 기록에 남은 것은 로마 제국으로, 이후 유럽 전역에 퍼져나갔으니 추운 날씨에 몸을 따뜻하게 해주는 뱅쇼가 유럽 크리스마스 마켓의 단골 음료가 된 것도 당연한 수순이다. 찬바람을 맞으며 거니는 시간을 덜덜 떨지 않고 보낼 수 있게 해주는 가장 간단한 해결책인 덕분이다.

도시보다 일찍 추위가 찾아오는 캠핑장에 도착하면 이제 화목난로를 설치한다. 한참 장작을 때면 연통이 빨갛게 달궈지는 모습이 인상적인 화목난로는 일부러 윗면이 편편해서 옛날 양은 주전자에 보리차를 끓이는 것처럼 난방과 더불어 그 열기로 가볍게 음식을 할 수 있는 것으로 골랐다. 벽난로가 있는 전원주택을 꿈꿨던 시절처럼 다들 난롯가에 둘러앉아 따뜻한 차를 나누어 마시며, 1년 내내 쾌적한 집처럼 각자 개인 행동을 하지 않고 담소를 나누는 순간을 보내고 싶었기 때문이다.

다들 시나몬 스틱을 휘휘 저으며 뱅쇼를 마시는 모습을 가만히 들여다보면 기시감이 느껴진다. 한겨울에 귤을 까먹은 후 귤껍질을 말려서 차를 우려 마시는 모습, 배와 꿀을 달여서 감기에 지친 몸을 달래는 배숙차를 만드는 모습과 어딘가 맞닿아있다. 기본적으로 과일을 양조하여 만든 술에 추가적으로 과일 재료와 몸을 보하는 향신료를 넣어서 겨울철에 떨어지는 면역력을 강화한다는 바람이 들어있기 때문이다. 다들 추위에 손이 굽지 않기를, 가슴속이 따뜻하게 데워지기를, 그리고 이왕이면 이 시간 이후로도 감기며 오한에 시달리지 않게 튼튼한 면역력을 가져와주기를 바라는 음료다.

### 뱅쇼는 단연코 캠핑 머그잔

뱅쇼를 만드는 방법은 아주 간단하다. 우선 와인을 고른다. 주

로 레드 와인이지만 화이트 와인으로 만들어도 무방하다. 어차피 가열하면서 섬세한 향이 날아가는 것은 감수해야 하므로 너무 고가의 와인을 살 필요는 없다. 저렴하고 과일 향이 나는 와인을 골랐다면 다음은 과일과 향신료를 마련할 차례다. 서양에서는 말린 오렌지 껍질이나 신선한 오렌지를 주로 넣는데, 우리에게는 귤이 있다. 귤, 귤껍질, 사과, 크랜베리 등 넣고 싶은 과일이나 가지고 있는 과일을 넣는 것으로 충분하다.

뱅쇼를 즐겨 마신다면 향신료는 따로 마련하는 것이 좋다. 주로 들어가는 것은 시나몬 스틱과 팔각별 모양의 중국 향신료로 강하고 독특한 향이 난다, 정향강꽃꽃봉오리를 말린 향신료로 살균 효과가 있고 맵싸한 향이 난다, 코리앤더 씨고수의 씨를 말린 것으로 꽃과 과일 향이 난다 등으로 가루보다는 통째로 넣어야 뱅쇼가 탁해지지 않고 마실 때 목에 깔깔하게 걸리는 일이 없다. 짐이 많다면 1회 분량씩 면포에 싸서 지퍼백에 넣어 두면 주전자 하나에 한 주머니씩 넣어 쓰기 용이하다. 여기에 포트 와인이나 보드카, 코냑, 세리에스파냐 남부 지방에서 생산되는 백포도주 등을 살짝 가미해서 독특한 향을 더하기도 한다.

주전자에 와인을 콸콸 붓고 과일과 향신료, 설탕 적당량을 넣은 다음 화목난로나 은은한 약불에 올려서 10~20분 정도 뭉근하게 데우면 뱅쇼가 완성된다. 팔팔 끓이면 와인의 향이 많이 사라지니 주의하자. 만일 술을 마시지 않거나 아이가 있는 집이라면 실제로 도수가 낮은 맥주나 사과주를 사용하기도 하고 사과주스나 진저에일 등으로 무알코올 버전을 만들 수 있다. 우리나라 입맛에 딱 맞춘다면 수정과나 쌍화탕으로 만들어도 좋다. 중요한 것은 과일과 향신료 풍미가 배어든 따뜻한 음료로 추위를 함께 극복하는 것이니까.

(레시피)

# 뱅쇼

| | |
|---|---|
| **베이스** | 레드 와인 (또는 화이트 와인, 맥주, 브랜디, 사과 주스 등) |
| **향신료** | 시나몬 스틱, 정향, 팔각, 생강편 (뒤로 갈수록 생략 가능) |
| **과일** | 귤, 오렌지, 사과, 레몬, 배 등 (귤만 있어도 무방) |
| **감미료** | 설탕 또는 꿀 |

## 만드는 법

1. 주전자에 와인과 향신료, 잘게 썬 과일과 감미료를 넣고 난로에 올린다.
2. 맛과 향이 충분히 우러날 때까지 뭉근하게 데운다.
3. 난로 근처에 두고 온도를 따뜻하게 유지하면서 나누어 마신다.

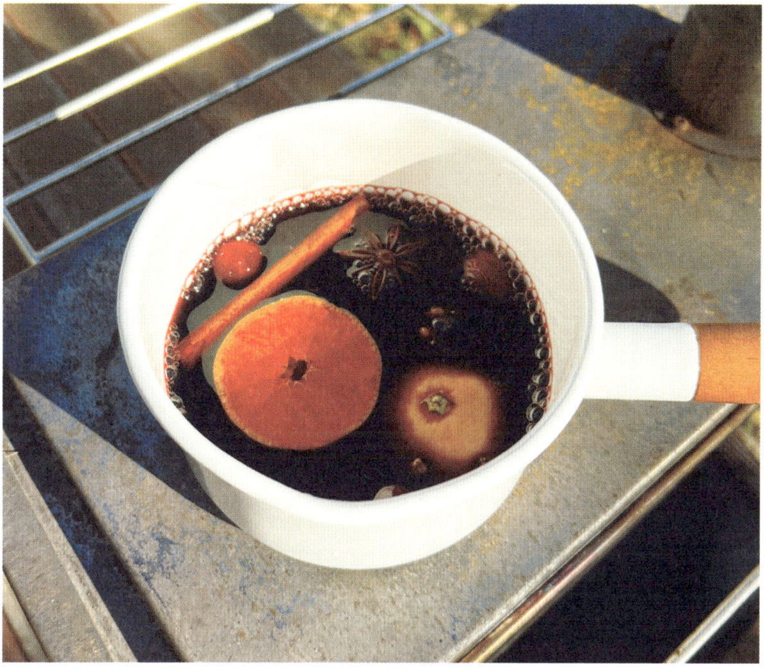

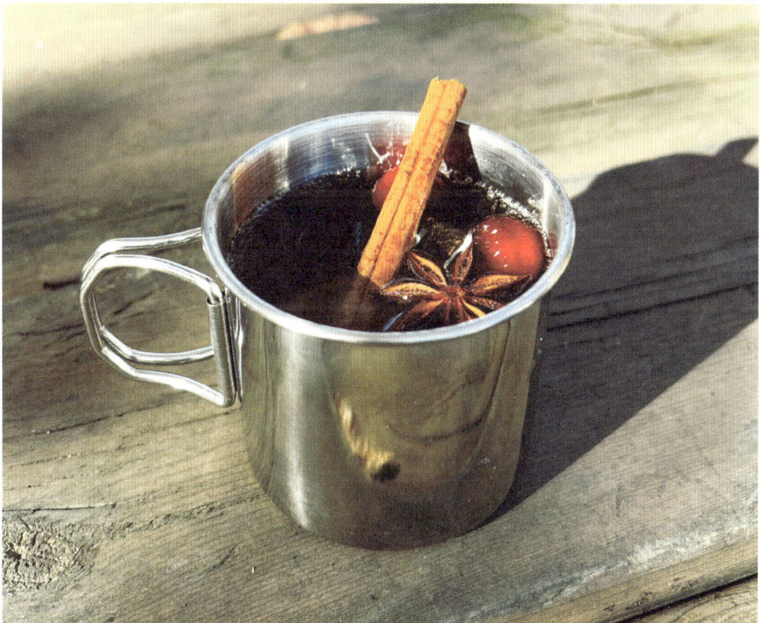

# 기네스 핫초콜릿

어른의 일탈,
기네스 맥주로 만드는 핫초콜릿

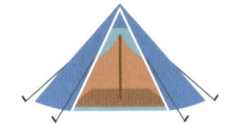

 어린 시절, 이상과 현실의 괴리가 가장 크게 느껴졌던 음식이 바로 핫초콜릿이다. 가끔 특식처럼 마실 수 있었던 초콜릿 음료는 가루를 물이나 우유에 풀어 마시는 코코아였다. 그 또한 달콤해서 좋아했지만 어린 마음에도 '마시는 따뜻한 초콜릿'에 기대하는 맛은 아니었기에 의아했다. 나는 입술에 코팅이 될 정도로 진한 초콜릿 그 자체를 마시고 싶은데.

 핫초콜릿은 가루를 타서 만드는 코코아와 달리 초콜릿을 바로 녹여서 만든다. 마치 초콜릿 분수에서 쉴 새 없이 솟아오르는 초콜릿처럼 진갈색 그대로 걸쭉하고 진한 액상이 되어야 한다. 아주 먼 옛날, 강장 효과를 위해 씁쓸한 원형 그대로의 카카오를 갈아 마시던 아즈텍인처럼 날것의 겨울바람에 노출되어 온기와 원기 보충이 필요한 캠퍼에게 제격인 음료가 아닐 수 없다.

실제로 초콜릿에는 에피카테킨 등 항산화물질이 함유되어 있어 의외로 영양가가 있고(단, 정통 초콜릿을 사용할 경우) 단맛과 온기를 통해 추운 곳에서도 속부터 따뜻하게 데워주는 역할은 물론, 부지런히 움직여야 하는 캠핑 후에 앓아눕는 일이 없도록 원기를 보충해주기 때문이다. 핫초콜릿은 한 냄비로 아이 버전에서 어른 버전까지 손쉽게 다양하게 만들 수 있는 겨울의 인기 캠핑 음료다.

### 기본 핫초콜릿 마스터하기

핫초콜릿은 진짜 초콜릿으로 만들어서 바디감이 좋고 진한 맛이 나는 것이 특징이다. 아주 한여름만 아니면 보관하기 까다롭지 않으니 베이킹용으로 판매하는 판초콜릿이나 단추 모양 초콜릿을 한 봉 사서 캠핑 짐에 넣어두자. 이때 깔끔하고 내 입맛대로 쉽게 변주할 수 있으려면 밀크가 아니라 다크 초콜릿을 카카오 함량이 65% 이상인 것으로 고르는 것이 좋다.

쌀쌀한 바람에 손가락이 자꾸 곱아든다는 핑계로 들고 있을 따뜻한 음료가 필요해지면 냄비에 초콜릿을 잘게 썰어넣고 불에 올려보자. 여기에 우유를 붓고 가볍게 저으면서 데워야 바닥에 초콜릿이 눌어붙어 타는 일이 없다. 우유 대신 두유를 써도 좋고, 진한 맛을 내고 싶으면 생크림과 우유를 반반씩 섞어서 넣어도 아주 좋다. 만약에 마무리로 술처럼 농도를 묽게 만드는 재료를 넣는다면 크림을 사용하도록 하자.

이렇게 녹이기만 해도 엄밀히 말해 뜨거운 초콜릿이 되는 셈이지만, 제대로 된 핫초콜릿을 만들려면 무가당 카카오 파우더를 조금 섞는 것을 추천한다. 시판 코코아용 가루와 달리 설탕이 들어가지 않은 무가당 카카오 파우더는 달기만 해서 질리기 쉬운 핫초콜릿에 정통 초콜릿 풍미와 쌉싸름한 맛을 가미해 깊은 맛을 내는 역할을 한다. 브라우니나 초콜릿 쿠키 등을 만들 때도 카카오 파우더를 조금씩 넣어야 깊은 초콜릿 풍미가 난다. 맛과 질감은 판초콜릿, 초콜릿 풍미는 카카오 파우더로 잡는다고 생각하면 딱 맞다.

전체적으로 잘 녹으면 맛을 보고 쌉싸름한 맛은 카카오 파우더로, 단맛은 설탕으로 조절한다. 다크 초콜릿을 사용해야 하는 중요한 이유를 여기에서도 알 수 있다. 당도에 대한 취향은 제각각인데, 너무 단맛이 강한 초콜릿을 사용하면 나중에 과한 단맛을 조절하기가 힘들다. 다크 초콜릿과 카카오 파우더로 초콜릿 맛을 완성한 다음 설탕으로 입맛 따라 간을 맞추는 것이다.

## 알딸딸하게, 향기롭게, 색다르게 마시기

기본 핫초콜릿은 있는 그대로도 충분히 맛있다. 앞선 설명을 따라 만들었다면 코코아와는 완전히 다른 음료라는 점을 알 수 있게 될 것이다. 하지만 세상에는 우주의 별만큼이나 다양한 초콜릿의 종류가 있듯이 핫초콜릿도 본인의 입맛에 맞춰 얼마든지 변주할 수 있다. 좋아하는 초콜릿을 생각해보자. 견과류 초콜릿바? 단짠을 즐기는 솔티드 초콜릿파? 민트 초콜릿파? 무엇이든 이미 초콜릿과 어울리는 재료라면 뭐든지 넣어볼 수 있다. 게다가 이미 캠핑장에 가져갔을 확률도 높은 재료들이다.

그중 가장 간단하게 만들 수 있는 변형 메뉴는 단연 어른을 위한 초콜릿, 기네스 핫초콜릿이다. 쌉싸름한 맛과 맥아의 단맛, 로스트향을 지닌 흑맥주는 비슷한 풍미의 초콜릿과 잘 어우러지면서 깊은 맛을 선사한다. 풍미가 많이 날아가지 않게 하려면 우선 초콜릿을 평소보다 적은 양의 크림에 완전히 녹인 다음 불에서 내리고 기네스를 콸콸 부어 골고루 잘 섞는 것이 좋다. 이때 한 번에 너무 많이 부으면 분리될 수 있으니 조심하자. 물론 분리되어도 다시 데우면서 휘젓다 보면 핫초콜릿이 된다. 그리고 좀 분리되면 어떤가. 그래봤자 진한 초콜릿과 맥주인데. 안주를 한 입에 같이 넣는다고 생각하자.

내 취향은 맥주가 아니라면? 술이 들어간 초콜릿 봉봉에도 여러 종류가 있듯이 핫초콜릿에 다양한 리큐어를 넣어서 칵테일처럼 맛을 비교해보는 것도 좋다. 칼루아 등의 커피 리큐어나 논알콜로 에스프레소를 넣으면 모카 핫초콜릿이 된다. 럼이나 위스키도 초콜릿에 킥을 선사하고 속을 따뜻하게 해서 생각보다 잘 어울리는 술이다. 캠핑장에 자주 가져가는 나만의 술이 있다면 약간 섞어서 테스트 삼아 마셔보자.

만일 견과류가 듬뿍 들어간 초콜릿 바를 즐겨 먹는 사람이라면 땅콩버터와 땅콩가루를 넣어보는 것도 재미있다. 누텔라로 대표되는 초콜릿과 헤이즐넛의 궁합, 토블론 초콜릿 바에서 알 수 있는 초콜릿과 아몬드의 궁합, 영원한 스니커즈의 인기처럼 영원할 초콜릿과 땅콩의 궁합은 이미 검증된 것이나 마찬가지다. 조금 걸쭉하게 만들어서 땅콩버터를 한 숟갈 더해 잘 섞은 다음 땅콩가루를 조금 뿌려서 마셔보자.

평소와 다른 맛을 테스트하고 싶다면 감귤류 계열을 섞어보는 것도 좋다. 영국에는 오렌지 과육 모양의 초콜릿을 모아서 둥근 오렌지 모양으로 판매하는 테리스 초콜릿 오렌지라는 과자가 있다. 달콤하게 조린 오렌지 껍질에 초콜릿 코팅을 입힌 오랑제트도 쇼콜라티에에 가면 자주 볼 수 있는 초콜릿이다. 그 향기의 조화가 산뜻하고 화사한 느낌을 선사한다. 다만 감귤류 자체는 산미가 강하기 때문에 설탕에 조린 오렌지 껍질처럼 한 번 조리를 거친 것을 섞는 쪽이 잘 어울린다. 그렇다는 뜻은? 완성한 핫초콜릿에 유자청을 한 숟갈 넣어서 섞어보자. 의외의 취향을 발견할 수 있을지도 모른다.

이러한 재료가 없어도 상관없다. 뱅쇼를 좋아하는 캠퍼라면 폴딩박스 어딘가에 시나몬 스틱이 굴러다니고 있을지도 모른다. 핫초콜릿을 시에라 컵에 부어서 시나몬 스틱으로 휘저어가며 마셔보자. 은근한 향이 매력적으로 올라올 것이다. 양념통에 남은 고춧가루를 조금 뿌려서 멕시코 스타일로 마셔볼 수도 있고, 오늘 숯불에 구우려고 했던 마시멜로를 가위로 송송 잘라 띄워도 좋다. 에스프레소가 없다면 모닝커피용 인스턴트 커피를 넣어서 모카 핫초콜릿을 만들어보자. 캠핑장의 텐트 개수만큼이나 다양한 형태로 만들어볼 수 있는 핫초콜릿. 어른이 되어서도 아이처럼 즐길 수 있는 캠핑 음료다.

> 레시피

# 기네스 핫초콜릿

**재료(정확한 계량이 중요하지 않으니 입맛 따라 가감)**

크림 200ml, 베이킹용 다크 초콜릿 120g, 무가당 카카오 파우더 1큰술, 황설탕 1큰술, 기네스 맥주 100~150ml

**만드는 법**

1. 냄비에 크림을 붓고 초콜릿을 넣어서 불에 올린다.
2. 무가당 카카오 파우더와 황설탕을 넣고 초콜릿이 잘 녹아 섞이도록 휘젓는다.
3. 기네스 맥주를 부어서 농도를 조절해 마신다.

# 단팥죽

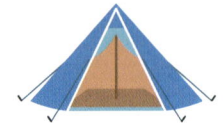

여운이 남는 달달함
캠핑장에서 화목난로로 단팥 쑤는 날

  동지가 되면, 그리고 언제든 마음이 답답할 때면 이렇게 여유롭게 팥 삶는 시간을 가지고 싶어진다. 다만 한 가지 걸림돌이 있으니 가스를 한참동안 켜놓아야 한다는 것이다. 대안이 없으면 모를까 이제 통조림도 있는데 팥이 익어가는 시간 내내 소심하게 가스비를 걱정해야 한다니? 밥도 즉석밥을 먹는 판에 캠핑에 생팥을 가져가는 것이 바로 이 때문이다. 집에서는 따로 가스를 써야 하지만 날이 싸늘해지면 캠핑에서는 금방 불을 피운다. 그렇다면 이 화목난로의 에너지를 낭비하지 않겠다! 여기에 팥을 쒀서 다음 주 내내 먹을 것이다. 일거양득, 일석이조, 꿩 먹고 팥 먹고, 대충 이런 식이다.

  팥도 두 가지 역할을 한다. 전래동화 《팥죽 할멈과 호랑이》를 떠올려보자. 할머니가 호랑이를 쫓을 시간을 벌어준 것도 동짓날을 맞이해 쑤기로 한 팥죽이었다. 도깨비가 극도로 무서워한다는 팥, 액운이 물러난다는 팥. 나야 맛있어서 마음 놓고 잔뜩 먹고 싶어 한 냄비 가득 팥을 쑨다지만 나쁜 것도 물리쳐준다니 좋은 일 아닐까?

팥은 맛있는 데다 액운도 없애주고, 바쁘겠네, 감사하네… 중얼거리며 화목난로의 열기에 손끝 발끝을 녹이고 팥이 우르르 끓어오르기를 기다린다. 어쩌면 캠핑이 생활이 되었다는 뜻일지도 모른다. 캠핑이 특별한 이벤트이던 초보 시절에는 지금보다 두근거렸을지는 몰라도 준비하는 데에 심력을 많이 소모하고, 신경을 쓴 만큼 피로해서 다녀온 후에는 휴식이 필요했다.

하지만 이제는 여유가 생겨서 캠핑 중에 주중의 먹을거리를 챙기는 경지에 이르게 된 모양이다. 주중에 일하면서 꺼내 먹을 단팥을 쑤고 가끔은 빵도 굽는다. 내가 사골국물을 직접 내는 사람이 된다면 당분간 먹을 곰탕을 끓이는 장소도 캠핑장이 될 것이다. 분주한 주중을 보내며 주말의 여유로운 캠핑만을 기다리던 나를 위해 이것저것 먹을 거리를 마련해주는 주말의 캠퍼인 나.

### 다재다능한 캠핑 단팥

따끈하게 쑨 팥 한 그릇은 캠핑장에서 다양한 메뉴로 대활약할 수 있다. 일단 한 냄비 삶아놓으면 설탕을 넣고 달달하게 만들기 전에 절반을 덜어서 밥알을 넣고 푹 퍼지도록 삶은 전통 팥죽을 만들 수도 있다. 오일장에 온 것 같은 기분을 내고 싶다면 쭉쭉 찢은 김치를 곁들인 팥칼국수를 끓이는 것도 좋다. 할머니 댁에서 놀고 있는 것처럼 마음도 뱃속도 따뜻해진다.

단팥죽을 먹는 방법도 가지가지다. 일본에는 단팥에 각종 과일과 한천우뭇가사리를 끓이고 식혀 만든 끈끈한 물질 등을 넣고 꿀을 두른 '안미츠'라는 디저트가 있다. 가끔 우리나라 팥빙수의 토핑만 모아놓으면 이런 느낌일지도 모른다고 생각한다. 단팥에 고소한 콩가루, 쫀득한 떡이나 경단, 통조림 과일. 어디서 많이 본 익숙한 팥빙수의 모양이니까. 멀리 갈 것 없이 요즘에는 찹쌀떡에 단팥과 함께 생과일을 넣은 과일 찹쌀떡을 종류대로 판매하는 제품이 인기다. 기본적으로 팥과의 궁합을 인정받은 재료인 것이다.

그래서 팥에 원하는 만큼 설탕을 넣고 달달하게 조리는 동안 옆에서 절편을 굽기도 한다. 식빵을 굽는 토스터에 절편을 올리면 겉이 살짝 거뭇하고 바삭바삭하며 속은 쫄깃하고 따끈해진다. 그릇에 단팥을 담고 절편을 올린 다음 시나몬 파우더를 살짝

뿌리면 캠핑날 오후의 간식이 완성된다. 장작불에 파묻어 익힌 군고구마를 숭덩숭덩 썰어 넣어도 좋고, 귤이나 샤인머스캣, 홍시처럼 좋아하는 과일을 잔뜩 넣으면 아삭하고 신선한 달콤함이 단팥과 훌륭한 조화를 이룬다. 우유나 코코넛 밀크를 살짝 두르는 것도 어딘가 우유 팥빙수 같은 느낌을 준다.

마지막으로 캠핑 단팥의 화룡점정이라면 다음 날 아침의 앙버터 토스트가 되겠다. 두툼한 식빵을 노릇노릇하게 구운 다음 따끈할 때 가염 버터를 골고루 바르고 전날 쑨 단팥을 한 덩어리 올려보자. 가염 버터가 없다면 무염 버터를 바르고 소금을 살짝 뿌리는 것도 좋다. 질리지 않는 단짠의 맛을 선사하는 앙버터 토스트가 간편하게 완성된다.

간편한 통조림이 있어도 굳이 공들여 팥을 쑤는 시간. 여유로운 일상을 즐기고 있다는 것을 실감하고 만족하는 시간. 다시 바빠질 주중의 나를 위한 선물을 마련하는 시간. 완성한 팥을 먹기 전부터 벌써 복잡하고 답답한 마음 속이 편안해진다. 생각해보면 팥죽 할멈을 잡아먹으려는 호랑이를 물리친 것은 팥죽 그 자체가 아니라 할머니의 팥죽을 얻어먹은 주방 집기와 동물이었다. 내 마음 속 나쁜 것을 물리친 것도 단팥을 쑤며 나와 일상을 돌보는 정성과 시간이었을지도 모른다.

# 군고구마

캠핑의 꽃말은 불멍,
불멍의 꽃말은 군고구마

 다들 먹보이기 때문인지 알뜰해서인지, 캠핑장에서는 장작에 불만 붙이면 불이 아까워서 뭐라도 굽고 싶어 안달을 낸다. 가만히 앉아서 불멍을 즐기고 담소를 나누는 것만으로 만족하지 않는 것이다. 마시멜로도 굽고 고기도 굽고 야식으로 라면도 끓이고, 텐트마다 다른 냄새가 흘러나오는 와중에 돌아다녀보면 다들 공통적으로 고구마를 알루미늄 포일에 둘둘 말고 있다. 우리를 배고픔에서 구원해주던 구황작물이여, 우리가 불멍을 즐기는 동안 불구덩이 속에서 너는 군고구마가 되어라.

 나는 이렇게 고구마를 구울 때면 항상 '이걸 한 번에 다 넣으면 불이 꺼지지 않을까?' 싶을 정도로 한 대접에 가득 찰 만큼 잔뜩 준비한다. 가족들이 고구마를 유난히 좋아해서가 아니다. 초반에는 불 조절에 실패해서 군고구마 대신 숯덩이만 잔뜩 떠안았기 때문이다. 장작불에 파묻어 놓고 수다를 떠느라 새까맣게 잊어버려서, 마음 속처럼 새까맣게 타버린 쿠킹 포일 속의 숯덩이들.

그 기억 때문에 매번 고구마를 한 대접씩 잔뜩 굽고 있다. 뭐라도 하나 타지 않은 것이 있어야 내 입에 들어올 것이라는 두려움 때문이다. 변명 같지만 고구마를 맛있게 굽는 것은 생각보다 만만한 일이 아니다. 활활 타오르는 장작불, 그러니까 고기를 한참 굽고 밥을 차릴 즈음의 장작불에 고구마를 넣으면 익기 전에 정말 새까맣게 타버리기 일쑤다. 물론 불구덩이에 음식을 넣으면 뭐든 쉽게 타겠지만 고구마는 특히 속까지 익는 데에 시간이 많이 걸리는 탓이다.

고구마를 굽고 삶다 보면 확연히 속살의 당도가 높고, 흘러나온 수분이 캐러멜처럼 달콤하게 굳을 정도로 맛있어질 때가 있다. 고구마의 전분은 아밀레이스라는 효소 작용을 통해 맥아당으로 전환되는데, 이 효소가 가장 활발하게 활동하는 온도가 57~77도이기 때문이다. 익히면서 이 온도대를 오래 유지할수록 고구마가 달콤해진다. 다만 조리 시간이 오래 걸려서 속이 조금 터질 뿐이다.

오븐 조리를 한다면 공기는 열 전도가 뛰어나지 않기 때문에 오븐 온도를 70~80도까지 낮출 필요는 없다. 내가 선택한 길은 160도로 1시간, 180도로 1시간. 그러면 속까지 달콤해진 채로 껍질이 터져나오며 수분이 시럽처럼 흘러나오는 완벽한 군고구마가 된다. 그렇다면 캠핑에서는 이 원리를 어떻게 적용해야 할까? 고기를 한 번 굽고 가장 뜨거운 시기를 지나 은근한 불을 품고 있는 숯 사이에 파묻는 방법이 있다. 화목 난로는 상판과 양쪽 날개 철망을 이용해서 가장 뜨거운 곳과 서늘한 곳 사이에서 자리를 바꿔가며 골고루 익히는 것이 제일 좋다. 어느 쪽이든 그냥 올려 두고 잊어버리지 말고 가끔 뒤집고 돌려가면서 관심을 보여야 전체적으로 잘 익은 군고구마를 손에 넣을 수 있는 것이다.

### 군고구마 굽는 법 세 줄 요약

1. 잘 씻어서 쿠킹 포일에 이중으로 싼다.
2. 남은 잉걸불이나 화목 난로에 올려서 간접 가열로 익힌다.
3. 10분 간격으로 뒤집고 돌리면서 골고루 천천히 익힌다.

### 다음 날의 아침밥, 군고구마 버터밥

이렇게 군고구마 굽는 요령을 터득하자, 한 대접씩 준비한 고구마가 남는 사태가 발생했다. 그렇다고 '먹고잽이'인 내가 굽는 고구마의 양을 줄였는가 하면 절대 그렇지 않다. 왜냐하면 다음 날에 더 맛있게 먹는 방법이 있으니까! 구황작물을 그냥 내놓으면 별달리 관심을 보이지 않는 우리 가족도 잘 먹는 레시피다.

우선 식은 군고구마의 껍질을 벗긴다. 잘 씻었고 타지 않았으면 껍질째 먹어도 상관없으니 적당한 크기로 깍둑 썰자. 그리고 베이컨 두어 줄을 적당히 썰어서 프라이팬에 노릇노릇하게 볶는다. 밥이 잘 지어져서, 혹은 햇반을 갓 돌려서 뜨거울 때 버터를 한 조각 넣고, 간장이나 쯔유를 살짝 두른 다음, 베이컨과 군고구마 썬 것을 넣어서 너무 부서지지 않도록 적당히 잘 섞어보자. 단짠의 매력이 제대로 느껴지는 군고구마 베이컨 버터밥이 완성된다! 베이컨에서 맛있는 기름이 많이 배어나왔다면 조금 같이 둘러주는 것도 좋다. 건강하자고 먹는 밥이 아니라고 생각하면서.

### 불장난을 할 핑계, 군고구마 브륄레

밥에 단 것을 섞는 것이 별로 취향이 아닌 사람이라면? 군고구마로 그냥 먹는 것보다 훨씬 달콤한 디저트를 만들어보자. 군고구마를 길게 반으로 자른다. 그리고 자른 단면에 설탕을 수북하게 얹는다. 황설탕이건 백설탕이건 상관없지만 대체당이나 올리고당은 안 된다. 우리가 만들려는 것은 군고구마 브륄레라서 잘 녹고 잘 굳는 설탕 특유의 성질이 반드시 필요하기 때문이다. 생각보다 고구마 단면이 보이지 않을 정도로 설탕을 소복하게 얹어야 브륄레가 잘 되는데, 처음 해보면 탕후루를 먹는 아이들의 건강이 더욱 걱정될 것이다. 하지만 맛을 보고 나면 탕후루에 중독되는 이유도 같이 이해돼서 복잡한 심경이 된다.

어쨌든, 고구마에 설탕을 듬뿍 올리고 나서 토치에 부탄가스를 끼우고 불꽃이 제일 약하게 나오도록 조절한 다음, 설탕을 살살 녹여서 캐러멜화시킨다. 한 군데만 가열하지 말고 전체적으로 녹여야 고르게 잘 녹고, 설탕을 태우기 직전까지 지질수록 캐러멜 맛이 진하게 난다. 그리고 시럽이 되어 녹은 설탕이 식을 때까지 잠시 기다리면? 파삭파삭한 캐러멜층이 부드러운 고구마 속살과 어우러져서 아주아주 달콤한 데다 질감의 대조까지 느낄 수 있는 군고구마 브륄레가 완성된다.

솔직히 이건 불장난을 하고 싶어서 만드는 디저트이기도 하다. 활활 타오르는 불꽃에는 사람을 흥분시키는 무언가가 있으니까. 일렁이는 불꽃을 바라보는 불멍에서 시작해, 다음 날의 토치 불꽃으로 지져 완성하는 군고구마 브륄레. 자연 속의 고요한 휴식과 더불어 안전한 불장난과 혈당 스파이크라는 자극적인 캠핑의 매력을 고조시키는 중독적인 음식이라 할 수 있다.

# 달 마크니 커리

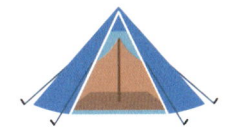

재료도 요리법도 '무한 변주'
캠핑장에서 만드는 카레

여럿이 모이거나 캠핑을 가면 가장 만만한 메뉴로 카레가 떠오른다. 호불호가 크게 갈리지 않는 남녀노소가 좋아하는 음식, 원하는 채소와 고기를 넣고 푸짐하고 배부르게 한 끼를 해결해주는 메뉴, 한 통 가득 만들어서 여럿이 나누어 먹기에도 좋은 음식. 양을 늘리기 수월하고, 오히려 많이 만들어서 오래 익히고 다음 날까지 묵힐수록 맛이 더 좋아진다. 일단 메인을 든든히 하니 돈가스나 튀김, 샐러드처럼 토핑과 사이드 메뉴를 곁들여서 완성도를 끌어올릴 수도 있고, 밥 대신 우동처럼 취향에 따라서 베이스를 달리할 수도 있다.

그리고 또 중요한 것. 먹는 사람만큼이나 만드는 사람도 쉽사리 질리지 않는다. 나이가 들고 요리 기술이 늘면 느는 대로 난이도를 마음껏 조절할 수 있는 메뉴이기 때문이다.

 소힘줄을 압력밥솥에 푹 삶아 육수와 고명으로 넣어볼까? 연근과 우엉과 당근을 속에 넣는 대신 튀김옷 없이 아삭아삭하게 튀겨서 얹어볼까? 초콜릿과 커피를 넣으면 맛있게 걸쭉해진다던데, 내 카레 맛의 비결로 삼아볼까? 어릴 적에 먹던 어머니의 그리운 포근한 카레 맛, 이것저것 테스트해서 만들어내 이제 여기 길들여진 내 카레 맛. 가끔 '우리 집 카레에는 무엇이 들어가는가'를 주제로 이야기에 불이 붙으면 온갖 아이디어가 흘러나온다. 만들기 쉽고, 변주도 쉽고, 나라마다 조금씩 달라 도전해보기도 좋은 메뉴. 그야말로 무적의 가정식이자 캠핑식이다.

 이제 카레는 내 찬장의 지분을 꽤나 차지하는 음식이기도 하다. 원래는 각 브랜드의 카레가루와 고형 카레를 사다 색다르게 만드는 정도였지만 난이도를 더욱 올려 향신료부터 조합하는 카레에도 재미를 느끼기 시작했기 때문이다. 요리에 관심이 많은 사람이라면 누구나 감당이 안되는 향신료 찬장 하나쯤은 가지고 있을 것이다.

 그렇게 내 냉장고에는 레몬그라스와 갈랑갈이 냉동되어 있고, 두반장과 트러플 페이스트와 머스터드 3종이 공존하고, 흑초와 애플 사이다 비니거와 현미식초가 나란히 서있는 찬장 뒤편에는 인도와 동남아와 일본 커리를 동시에 만들 수 있는 모든 향신료가 함께 아웅다웅 살아가고 있다. 가끔 유통기한이 지난 물건을 싹 내버릴 때마다 죄책감이 치고 올라오지만 '다시는 사지 않겠어!'라고 생각하다가도 종려당코코넛 설탕이나 페누그릭우리나라에서는 '호로파'라고 불리는 콩과 식물로, 특유의 쓴맛과 향이 특징이다 잎이 필요하다는 레시피 지침을 읽고 있노라면 이번만큼은 진짜 다 쓸 수 있을 것 같은 기분이 든다.

그래서 가끔은 이번 주말 캠핑에서 무슨 요리를 할지 고민할 때, 향신료 찬장을 열어보곤 한다. 캠핑장에서는 조금 더 손이 많이 가고 평소에는 떠오르지 않았던 음식도 집중해서 만들 수 있을 것 같기 때문이다. 실제로 그렇기도 하다. 집에서는 서있느니 앉고 싶고, 앉아있느니 눕고 싶고, 누운 김에 뒹굴다가 한 잠 자고 싶다. 물론 캠핑장에서도 쉬고 놀고 자곤 하지만, 평소에 게으름을 피우던 공간에서 벗어나서인지 자꾸 새로운 일을 벌이고 싶다는 의욕이 치고 올라온다.

그럴 때 만든 것이 인도식 달dahl 마크니 커리다. 집에서 만드는 카레는 '냉털냉장고 털기용이라고 생각할 때가 있는데, 익숙하지 않아서 그렇지 인도식 커리도 마찬가지로 간편하게 접근할 수 있다. 크게 구성을 나누자면 버터와 마늘(과 양파), 향신료, 토마토 통조림, 콩 통조림, 여기에 크림이나 우유가 달 마크니를 구성하는 요소다. 버터에 마늘과 양파 등을 볶고, 향신료를 넣어서 충분히 향이 나도록 같이 볶은 다음, 토마토 페이스트나 통조림을 넣고 충분히 볶고, 나머지 재료를 넣어서 푹 익히는 것이다. 토마토는 볶은 양파와 함께 맛있는 일본 카레를 만드는 데에도 대활약하는 재료다. 감칠맛과 꼭 필요한 산미를 더해주기 때문이다.

'달'은 인도어로 렌틸이나 말린 렌틸 등의 콩, 그리고 그로 만든 콩 요리 등을 뜻한다. 그러니 콩이 들어간다. 특히 렌틸콩이나 병아리콩을 주로 사용하고 여기에 토마토를 베이스로 넣어서 부드럽고 걸쭉하게 만드는 것이 포인트다. 매운 커리를 좋아한다면 향신료에 고춧가루 종류를 늘리면 된다. 향신료와 통조림만 잘 갖추고 있으면 모든 뚜껑을 열기만 해서 볶으면 완성되는 음식이다. 한국식, 일본식, 인도식 모두 커리라면 여러 모로 신기할 정도로 찬장에 보관할 수 있는 재료로만 만들 수 있다는 공통점이 있다.

추운 날씨의 캠핑에 필수인 화목 난로에 그리들을 올려놓고 뭉근하게 원하는 국적의 커리를 끓이자. 밥을 짓고 우동을 삶고 김치를 꺼내자. 요구르트를 넣어 발효시킨 난 반죽을 얇게 펼쳐 구워도 좋다. 마늘 버터를 쭉쭉 바르고 허브를 뿌리면 내가 캠핑장이 아니라 인도에 왔던가 싶다.

> 레시피

# 달 마크니 커리

**재료**  버터 10g, 마늘 3~4쪽, 양파 ½개, 페누그릭 잎 1큰술(생략 가능), 쿠민 ½큰술, 코리앤더 씨 ½큰술, 가람 마살라 1큰술, 병아리콩 통조림 1개, 렌틸 통조림 1개, 토마토 페이스트 ½컵 또는 토마토 통조림 1개, 크림 약간, 소금

## 만드는 법

1. 버터를 녹여서 다진 마늘과 양파를 넣고 잘 볶는다.
2. 모든 향신료를 넣고 향이 올라올 때까지 볶는다.
3. 토마토 페이스트나 통조림을 넣고 으깨가면서 달달 볶는다.
4. 물기를 제거한 병아리콩과 렌틸을 넣는다.
5. 주걱으로 살짝 눌러서 으깨가면서 뭉근하게 익힌다.
6. 크림을 살짝 두르고 간을 맞춘다.

# 버터 난

탄두리 화덕만큼 뜨거운
화목 난로에 구웠다

커리는 뭉근하게 오랫동안 익히면 맛있는 음식이니만큼 화목 난로에 그리들을 올려놓고 세월아 네월아 내버려두면 된다. 보통 화목 난로는 세로로 길쭉한 모양을 하고 있다. 문을 열어서 비슷한 길이의 장작을 집어넣고 문을 닫는 구조다. 내가 화목 난로를 직구하면서 같이 산 것이 이 문을 통해 집어넣을 수 있는 크기의 스테인리스 판이었다. 왜 샀냐면, 찾아보니까 있어서.

그래서 커리를 만든 날, 커리가 뭉근하게 익어가는 동안 난 반죽을 했다. 요구르트를 약간 넣고, 이스트를 넣어서 난로 옆에 두고 발효시켰다. 인도 커리에는 다양한 종류의 납작한 빵을 곁들일 수 있는데, 발효를 시키지 않은 차파티카레 요리를 싸서 먹는 인도의 빵 종류와 발효시켜 살짝 폭신한 난 종류로 크게 구분할 수 있다. 이건 인

도식 커리니까 인도식 난에다 먹어봐야 할 것 같았다. 항상 커리 전문점에 가면 난을 두세 번씩 추가 주문하는 것이 당연했으니까.

적당히 발효된 (것 같은) 난 반죽을 세 등분해서 넓게 펴고, 버터를 하나 얹은 다음, 화목 난로에 집어넣고 약 30~40초 후에 꺼냈다. 그런데 놀랍게도 군데군데 그슬린 채로 익어있었다! 내가 원하던 마치 탄두리 화덕인도 및 중동 지역에서 사용하는 전통적인 오븐에서 구워낸 것 같은 모습이다.

이때 생각한 건 '화목 난로는 정말 미친 듯이 뜨겁구나'와 '성공할 줄 알았으면 난 레시피를 기록하면서 만들 걸'이었다. 사실 망할 줄 알고 계량도 적당히 했기 때문이다. 이 레시피를 소개하려면 다시 만들어야 한다. 다시 만들지, 뭐. 이번 겨울도 틈틈이 캠핑을 나가게 될 테니까.

> 부록

# 아, 맞다! 캠핑 체크리스트

캠핑장에 딱 도착해야 '아, 맞다!' 하고 생각하게 되는 물건들이 있다. 이 체크리스트는 지극히 개인적인 것으로, 각자가 캠핑을 다니면서 스스로가 유난히 잘 잊어버리는 물건을 기준으로 하나쯤 만들어 두는 것이 좋다. 여기서는 주로 어떤 물건을 잊고 다니기 쉽고 또 잊어버리면 불편한지 예시 삼아 살펴보도록 하자.

### 1. 달걀

기억하기 난이도 ★★★★★
매점 구매 거의 불가

캠핑에서 달걀이란, 없어도 상관은 없지만 있으면 식사가 윤택해지는 재료다. 바비큐에 주로 올라가지 않는 신선식품이라 어지간한 캠핑장 매점에서는 잘 팔지도 않는다. 꼭, 꼭 챙기자.

### 2. 타월

기억하기 난이도 ★★★★★
매점 구매 거의 불가

까먹으면 매우 곤란한 물건이다. 언제 어느 순간에 까먹을지 모르니까. 타월, 정말 중요한 준비물이다.

### 3. 햇반과 라면

기억하기 난이도 ★★★☆☆
매점 구매 가능

물론 캠핑장 매점에 가면 햇반과 라면은 어지간하면 구입할 수 있다. 하지만 라면의 문제는 뭐다? 나에게는 취향이 있다. 우리 가족의 개인적인 라면 취향은 진라면 순한맛과 스낵면, 짜파게티와 비빔면이다. 요즘에는 여기에 신라면 툼바가 추가되었다. 그런데 이 라면들이 캠핑장 매점에 항상 있으리라는 보장은 없다. 그래서 항상 재고를 체크해야 하는 물건이다.

### 4. 김치

기억하기 난이도 ★★★☆☆
매점 구매 거의 불가

고기를 구울 때, 그냥 밥과 반찬에 곁들일 때, 입이 심심해서 그리들에 김치전을 구울 때, 얼큰한 김치찌개를 끓여볼까 싶을 때, 간단하게 김치볶음밥이나 해먹을까 할 때. 김치가 있어야 이 모든 일이 가능하다. 특히 소규모 캠핑장에서는 김치를 구하기 쉽지 않기 때문에 가능하면 챙기자.

### 5. 이소가스와 부탄가스

기억하기 난이도 ★★★★☆
매점 구매 가능

캠핑장 매점에 가면 이소가스는 몰라도 부탄가스는 거의 항상 있는데, 마트나 인터넷에서 구입하는 것이 훨씬 저렴하기 때문에 미리 사서 챙겨가는 제품이다. 가능하면 미리 구입해두자.

### 6. 휴지·키친타월·물티슈

기억하기 난이도 ★★★★☆
매점 구매 거의 가능

부탄가스와 마찬가지. 캠핑장에 가서 한두 개씩 낱개로 사면, 아깝다.

## 번외 아, 맞다! 리스트

### 밀키트류

나는 주로 가서 요리를 처음부터 하는 스타일이라 자잘한 재료는 두고 가도 한 음식을 통째로 두고 가는 일은 거의 없다. 그런데 캠핑장에 가면 서로 붙어있는 이웃 사이트가 있다. 무언가를 까먹은 '아, 맞다!' 순간이 되면 사람이 목소리가 커져서, 저 집이 뭘 두고 왔는지 주변이 다 알게 되는 경우가 많다.

"아, 닭꼬치랑 양념이랑 냉장고에 다 두고 왔다!" "아, 부대찌개 밀키트 냉장고에 그냥 있다!"라는 말이 가장 많이 들린다. 듣고만 있는 내 마음이 다 아프다. 숯불에 구운 닭꼬치를 먹을 수 없게 되었다니… 주로 밀키트나 배달 냉동 음식 종류는 그 자체를 통째로 두고 오는 경우가 많은 모양이다. 집을 나서기 직전까지 확인하도록 하자. 배고픈 캠핑은, 와… 진짜 너무 슬프니까.

### 캠핑 식재료 체크리스트

최소한의 재료로 다양한 요리를 만들 수 있어야 하는 것이 캠핑 주방이다. 활용도가 높고 보관이 용이하며 캠핑 요리를 맛있게 해주는 필수 양념과 식재료를 최소한으로 꼽는다면 다음과 같다. 여기에 자신이 좋아하는 요리에 자주 쓰이는, 그리고 캠핑 짐에 넣어두어도 잘 상하지 않는 양념과 보존 식재료를 추가하면 된다. 나 같은 경우는 여기에 수많은 각국의 향신료와 제빵용 이스트, 베이킹 파우더, 각종 가루류 등이 포함되어 있다.

## 양념류

### 소금과 후추

요리의 기본 중 기본. 설명이 필요할까?

### 올리브오일 또는 식용유

바비큐를 할 때도 조리용 솔이나 키친타월 등을 이용해 고기에 적당히 기름칠을 하는 것이 중요하다. 다만 온데 기름이 흐르지 않도록 잘 싸서 넣어두자.

### 간장과 식초, 고춧가루

고추장이나 된장류보다 실온에 장시간 보관해도 잘 변질되지 않는다는 것이 장점. 고추장 대신 고춧가루로 양념하는 법을 익히면 캠핑에 조금 더 용이하다.

### 말린 허브 믹스

스튜는 물론 달걀 요리, 볶음이나 고기구이 등을 할 때 간편하게 향이 좋은 양념을 가미하기에 좋다. 보관하기 좋은 편이니 모둠 제품으로 하나쯤 마련해두자.

### 설탕과 꿀

우리나라의 고기 양념 종류에 꼭 들어가는 양념이기도 하고, 디저트를 만들거나 먹을 때에도 있으면 매우 용이한데 보관하기도 좋다. 꿀은 특히 스틱형 제품을 구입하면 한 번에 쓸 만큼만 쓰기 좋다. 꿀이 쏟아지면 조금 감당하기가 힘드니까.

## 보존 식재료

### 통조림

참치와 꽁치 통조림은 간단한 반찬이나 찌개 재료 등으로 쓰기 좋고, 옥수수 통조림은 콘치즈를 뚝딱! 그 외에도 단팥이나 토마토, 콩 통조림 등을 구비해두면 급할 때 아주 유용하게 쓰인다.

### 건조 식품

라면과 즉석밥은 물론이고 파스타와 국수도 하나쯤 넣어두면 급할 때 특식을 만들기 좋다. 여기에 김 등의 건조 식품이 있다면 아이들 밥 한끼를 간단하게 먹일 수 있다.

### 커피와 차

뭐든 가져가야 먹고 즐길 수 있는 캠핑장에서 커피 한 잔의 여유는 생각보다 큰 만족감을 준다. 블랙 커피에서 믹스 커피까지 혹은 좋아하는 홍차, 녹차, 율무차 등을 비상용으로 챙겨보자.

### 기본 채소

캠핑 짐에 계속 넣어둘 수는 없지만 캠핑을 준비할 때 매번 체크하면 좋은 기본 채소로 마늘과 양파, 대파, 쌈 채소 등 자주 먹고 사용하는 채소를 미리 적어두자.

### 유제품

버터와 우유, 치즈 등도 캠핑장 매점에서 거의 판매하지 않지만 없으면 아쉬운 재료다. 역시 캠핑 짐에 넣어둘 수 없지만 잊어버리기 쉬우니 미리 리스트를 작성해둘 것.

# 캠핑 한 끼의 행복

**초판 1쇄 발행** 2025년 4월 18일

**지은이** 정연주
**펴낸곳** ㈜에스제이더블유인터내셔널
**펴낸이** 양홍걸 이시원

**홈페이지** siwonbooks.com
**블로그·인스타·페이스북** siwonbooks
**주소** 서울시 영등포구 영신로 166 시원스쿨
**구입 문의** 02)2014-8151
**고객센터** 02)6409-0878

ISBN 979-11-6150-968-6 03810

이 책은 저작권법에 따라 보호받는 저작물이므로 무단복제와 무단전재를 금합니다.
이 책 내용의 전부 또는 일부를 이용하려면 반드시 저작권자와
㈜에스제이더블유인터내셔널의 서면 동의를 받아야 합니다.

시원북스는 ㈜에스제이더블유인터내셔널의 단행본 브랜드입니다.

독자 여러분의 투고를 기다립니다.
책에 관한 아이디어나 투고를 보내주세요.
siwonbooks@siwonschool.com